강감찬 구청장의
지방자치 이야기

강감찬 구청장의 지방자치 이야기

박준희 지음

더봄

'강감찬'을 관악을 넘어
한국의 미래로 만들 수 있도록
응원해 주십시오

수구초심首丘初心은 근본根本을 잊지 않는다는 말도 되고, 고향을 잊지 않는다는 말도 됩니다. 저는 열아홉 살에 고향을 떠나 서울에 왔습니다. 그때 가난한 대학생이던 저를 고향처럼 따뜻하게 품어주었던 곳이 봉천동이었습니다. 이곳에서 대학을 졸업하고 지역사회 청년활동에 참여했습니다. 사익보다 공익을 위한 활동에 주력하자니 마음은 행복했지만 경제적으로는 고난의 길이었습니다. 그 길 위에서 몇 번이고 포기하고 싶은 마음이 들 때마다 관악은 풀뿌리 민주주의를 직접 이뤄보고자 했던 초심을 잊지 말라며 힘을 불어넣어 주었습니다. 그 힘을 받아 구의원 8년, 시의원 8년에 이어 민선 7기 관악구청장 임무를 수행하기에 이르렀습니다. 그 세월이 벌써 40년, 이제 관악은 명실공히 제 고향입니다.

2018년 7월 1일, 관악구청장으로 취임하면서 가장 먼저 '이청득심'

以聽得心을 가슴에 새겼습니다. 제가 약속한 '더불어 으뜸 관악'을 이루기 위해서는 주민들의 말씀을 지극정성으로 경청敬聽하는 것부터 시작이라고 믿었기 때문입니다. 제 말을 먼저 하기보다 주민들의 말을 듣고 또 들으면 서로 마음이 통하고, 마음을 얻을 수 있을 것이라 확신했기 때문입니다. 취임 직후 가장 서둘러 청사 1층에 주민들과 구청장이 직접 마주앉아 격의 없이 소통하기 위해 '열린 관악청'을 만들었던 이유입니다. 그리고 '강감찬 구청장'이 되겠다고 선언했습니다.

관악산의 정기가 뭉친 관악구에는 고려 명장 강감찬 장군의 천년혼이 흐르고 있습니다. 장군의 기상과 지혜를 빌려 관악구에 '강한 경제, 감동 행정, 찬란한 문화'의 뿌리를 반드시 내리겠다는 약속이었습니다. 코로나19 바이러스 감염병이라는 전대미문의 재난을 극복하기 위해 주민과 구청이 똘똘 뭉쳐 대응하느라 온힘을 쓰는 와중에도 제가 한 약속을 어김없이 지키고자 최선을 다했습니다. 강한 경제를 위한 관악S밸리와 서울대 캠퍼스 타운, 감동 행정을 위한 경전철과 스마트시티, 찬란한 문화를 꽃피우기 위한 문화도시와 청년청 조성이 코로나19의 어려움을 뚫고 현실이 되고 있습니다.

사람들이 "구청장이 되니 뭐가 다르냐"고 묻습니다. 저는 그때마다 "관악의 골목길을 걷더라도 길가의 나무 한 그루, 잡초 한 포기마저 그냥 지나치지 않게 됐다. 베려고 하면 잡초지만 품으려 하면 꽃이듯이 하루 24시간 '강감찬'의 눈과 마음으로 관악을 구석구석 샅샅이 살핀다."고 말합니다. 그렇게 하루하루를 모아 틈틈이 언론매체 등에 기록했던 지난날들의 소회를 《강감찬 구청장의 지방자치 이야기》로 풀어냈습니다. 이 이야기를 할 수 있도록 맡은 소임을 열심히 해주신 관악구 모든 분들께 감사드립니다. 졸고의 출판을 흔쾌히 허락해주신 더봄출판사 김덕문 사장과 편집진께 고맙다는 말씀을 드립니다. 언제나 곁에서 큰 힘이 돼주는 가족들에게 고마운 마음을 보냅니다.

꿈을 수첩에 적으면 목표가 되고, 목표를 잘게 쪼개면 계획이 되고, 계획을 실행에 옮기면 꿈이 현실이 된다고 합니다. 항구의 배는 안전할지라도 그것이 배의 존재 이유는 아니라고 합니다. 저는 오늘도 여전히 '강감찬 도시 관악'을 수첩에 적습니다. '강감찬'이 관악을 넘어 한국의 미래가 되는 그날까지 '더불어 으뜸 관악' 발전을 위해 앞으로도 더욱 더 관악구청장으로서 많은 바 소임을 다하겠습니다. 여러분의 계속적인 지도편달과 성원을 부탁드립니다. 감사합니다.

2022년 1월
관악구청장 박준희

차례

4_
자치분권
이야기

관악청 24시

이청득심^{以聽得心}

상대의 말을 경청함으로써 그 사람의 마음을 얻는다

이청득심以聽得心, 주의를 기울여 경청함으로써 사람의 마음을 얻을 수 있다는 뜻이다. 지난 지방선거 때 당선이 되면 지역 경제 활성화를 최우선 과제로 하되 주민들과 소통도 강화하겠다고 약속했다. 취임 직후 곧바로 구청사 1층에 있던 기존의 민원상담실을 개방형 공간인 '관악청'으로 확대해 매주 정해진 시간에 이곳에서 민원 담당 공무원들의 상시 민원상담과 별도로 주민들과 구청장이 직접 만나는 '열린 구청장실' 제도를 실시했다.

(내일신문 2019. 2. 18.)

이청득심^{以聽得心},
이렇게 들어만 줘도
마음이 풀립니다

사람 얼굴에 눈이 두 개인 것은 좌우를 두루 살펴봄으로써 균형을 유지하라는 뜻이라고 한다. 귀가 두 개인 것은 상충하는 양쪽의 의견을 충분히 듣고 제대로 판단하라는 것이라고 한다. 반대로 입이 두 개가 아니라 하나인 것은 자신의 말은 가급적 삼가라는 뜻이라고 한다. 유능한 심리상담가가 되려면 상담 상대방의 슬픈 사연에는 상대방보다 더 슬퍼하고, 화가 나는 일에는 상대방보다 더 분노해주는 슬기가 필요하다는 말도 그래서 나온 것 같다. 이 모두 틀리지 않은 말임을 2년차 민선 7기 자치단체장으로서 주민 행정 일선을 뛰면서 깊이 실감한다.

이청득심^{以聽得心}, 주의를 기울여 경청함으로써 사람의 마음을 얻을 수 있다는 뜻이다. 지난 지방선거 때 당선이 되면 지역 경제 활성화를 최우선 과제로 하되 5층에 있는 구청장 사무실을 1층으로 옮겨 주민들과 소통도 강화하겠다고 약속했다. 그러나 주민들께서 빈번히 찾는 실

열린 구청장실 '관악청'에서 청년들과 소통 중인 관악구청장 박준희

무 담당부서 사무실 공간의 1층 확보 등 현실적 이유 때문에 약속을 지키기가 쉽지 않았다. 고민 끝에 찾은 대안이 구청사 1층에 있던 기존의 민원상담실을 개방형 공간인 '관악청'으로 확대해 매주 정해진 시간에 이곳에서 민원 담당 공무원들의 상시 민원상담과 별도로 주민들과 구청장이 직접 만나는 '열린 구청장실' 제도였다.

2018년 11월 관악청이 문을 연 이후 매주 2회, 화요일과 목요일 오후 2시부터 5시까지 계획된 주민과의 대화시간을 빠짐없이 가져왔다. 회당 평균 10여 명 이상의 주민 또는 단체와 구정 전반에 걸친 다양한 문제와 주제로 대화를 나눴는데 정책 또는 주변의 상황 때문에 어려움을 겪는 민원의 해결책을 찾는 일이 대부분이다. 사안에 따라 공무원의

열린 구청장실 '관악청'에서 주민의 어려운 사정을 경청 중이다.

지혜로운 중재로 해결의 실마리를 찾은 민원도 있지만 관악청까지 들고
오는 민원인 만큼 대부분 해결책을 찾기가 어려운 경우가 많다. 그런 민
원은 필시 구청과 일선 공무원의 책임이나 권한, 재량을 벗어난 것이라
구청장으로서도 도저히 어떻게 해볼 도리가 없다. 경청은 하지만 해결책
을 제시할 수 없을 때 오랜 스트레스에 시달린 주민의 입장이 되다 보
면 안타까움과 답답함 때문에 역으로 받는 스트레스도 만만치 않다.

특히 구청장을 찾아 관악청으로 들고 오는 민원은 아무래도 주민
들의 재산권과 밀접한 건축주택 분야가 가장 많을 수밖에 없다. 2018년
11월 이후 두 달간 접수된 민원 95건 가운데 건축주택 분야가 27건, 도
시공원 분야 18건, 건설교통 11건, 보건복지 11건, 교육문화 11건 등이

있었다. 신림동에서 오신 김 모 어르신의 경우 '집 주변의 토목 공사로 인해 자신의 집 지하실에 누수가 생겨 임대료 등의 피해를 보았으니 구청에서 나서서 보수와 보상을 받게 해 달라'는 요청을 들고 오셨다. 이분의 경우 이전에도 같은 민원을 제기한 바 있어 담당 공무원이 면밀히 조사를 한 결과 주변 토목 공사와 전혀 무관한 것으로 결론이 난 상태였다. 어르신께서는 '자신에게 억하심정이 있는 공사 담당자가 의도적으로 누수를 일으켰다'는 피해의식까지 가지고 계셨기에 분노의 감정이 더욱 컸다.

그런 때는 인내를 가지고 경청하는 것 말고는 달리 방법이 없다. 다른 민원인들이 줄지어 기다리는 중에도 오랫동안 충분히 어르신의 말씀을 들어드렸다. 어르신께서 하시고 싶은 말씀을 충분히 하셨다 싶었을 때 적절한 위안과 함께 "해결책을 최대한 찾아보겠지만 구청이나 구청장의 권한과 능력으로는 한계가 있다"는 답변을 드렸는데 크게 낙담하는 어르신 표정에 마음은 편치가 않았다. 그럴 때 나오는 어르신의 한 마디, "아이고, 이렇게 구청장께서 직접 들어만 줘도 마음이 한결 풀립니다."

이 말 한마디에 힘이 나고 보람을 느낀다. 관악청을 찾는 주민들께서도 구청에서 쉽게 해결해줄 수 없는 민원임을 알지만 답답한 마음에 구청장에게 하소연이라도 하고, 마음의 진정을 얻기 위해 찾아오시기도 한다. 이제 새봄이 오고 관악청이 보다 체계를 갖추게 되면 구청에 직접 찾아오기 어려운 주민이나 현장을 둘러봐야 해결의 실마리를 찾을 수 있는 민원에 대해서는 관악청을 벗어나 구청장이 직접 현장을 '찾아가는 열린 구청장실'도 추가할 계획이다.

(뉴스1 2019. 4. 22.)

어르신,
구청장은 홍길동이
아니라니까요

- 아이고, 구청장이 좀 해줘.

- 어르신, 고충은 알겠는데요. 그건 구청에서 해결해드릴 문제가 아니라니까요. 아드님께 연락하셔서 공사를 해달라고 하세요.

- 아니 정말 이럴 거야? 내가 선거 때 경로당에서 얼마나 구청장 선전을 했는데.

- 어르신, 그건 고마운데요. 저 물 새는 것은 구청에서 고쳐드릴 수가 없어요. 그러면 제가 구청장에서 쫓겨난다니까요.

- 아이 거참, 내가 얼마나 아들같이 생각했는데 인정머리도 참 없네, 그랴!

어제는 신림동 주민센터에 들렀다가 맞닥뜨린 저 어르신에게 같은 말을 수없이 되풀이해야 했다. 어르신께서 사시는 주택 지하실에 물이 새 습기가 차서 사용을 못하는데 방수공사를 구청에서 해달라는 것이다. 사유재산 수리를 지방정부에서 임의로 해줄 방법이 없다는 것은 누구나 아는 사실인데도 어르신들은 공무원들에게 고집을 피우시면 뭐든 되는 것으로 알고 떼를 쓰신다.

이런 어르신들을 만나면 '그건 안 됩니다'라고 딱 잘라 말하기 어렵다 보니 말이 길어진다. 그렇다고 어르신 듣기 좋으시라고 '네, 제가 알아보겠습니다' 같은 식의 대답은 삼가야 한다. 그랬다가 나중에 다시 그 어르신을 만나면 '그때 해준다 그래 놓고 왜 지금 와서 딴소리냐'고 하시면 난감하기 때문이다. 심지어 '구청장이 해준다 약속해 놓고 쌩깠다'고 사방 소문을 내고 다니면 더 큰일이다. 이럴 때는 그저 '만면에 웃음을 머금은 착한 구청장'이 돼 '그렇게 해드리기 어렵다'는 대답을 친근하게 반복하는 수밖에 없다.

그 지역에 들르면 찾아뵙는 다른 어르신이 한 분 또 있다. 이 분은 공기 좋은 관악산 자락 단독주택에 혼자 사시는 할아버지다. 낡은 3층짜리 주택인데 2층, 3층은 오랫동안 손을 보지 않고 방치한 탓에 주변 주민들로부터 미관을 해친다는 민원이 잦은 데다 혼자 사시는 어르신의 안전이 걱정돼 '집수리 후 청년들을 조금 저렴한 임대료에 입주시키는 세대공감하우스를 하시면 지원책을 찾아보겠다'고 설득을 하지만 꼼짝도 안 하신다. 다시는 귀찮게 하지 말라며 문도 잘 안 열어주신다. 그래도 그 지역을 지날 때면 잘 계신가 싶어 매번 초인종을 눌러본다. 구청에서 어르신께 늘 관심을 가지고 있으니 안심하고 편히 계시라는 일종의 사인을 보내는 것이다.

어떤 사람들은 '소통이 뭐가 어렵냐, 열심히 대화만 나누면 되지'라

고 말한다. 그러나 주민분들과 대화는 그분의 말씀을 충분히 들어드리는 '경청'이 중요한데 자기 말 먼저 하기 좋아하는 사람을 꼽으라면 첫 번째 일 정치인으로서 그게 그리 쉬운 일은 아니다. 더구나 '구청장을 좀 만나게 해달라'는 분들이 제기하는 문제는 필시 오래전부터 담당부서 공무원들과 실랑이를 벌여 온 고질적인 민원으로 구청이 해결주체가 아닌 경우가 태반이다. 그럼에도 '착한 구청장'의 태도를 잃지 않으려는 것은 인내심을 갖고 임하는 경청이 소통의 출발점이자 종착점이기 때문이다.

주민센터 옆은 경로당이다. 자신의 점심 식사용으로 싸온 삶은 계란을 꺼내 까주시며 먹고 가라고 종주먹을 대거나 시장에서 사온 양말한 켤레, 그것도 할머니께서 신으시려고 사오신 꽃무늬 양말을 구청장신으라며 애써 손에 꼭 쥐여주시는 어르신들 덕분에 억지 주장을 들어주는 귀도, 동네를 도는 다리도 피곤함을 잊는다. 정감이 가는 동네 풍경이다.

(뉴스1 2019. 5. 3.)

청룡산
토끼 구하기

〈라이언 일병 구하기〉란 영화가 있다. 2차대전 당시 전쟁터에서 아들을 모두 잃은 어머니에게 마지막 남은 아들 '라이언 일병'을 그녀 품으로 귀향시키려는 작전에 참가한 군인들 이야기를 다뤘다. 영화 개봉 당시 라이언을 구하기 위해 다른 군인들을 희생시키는 것이 과연 정당한가? 국민에게 국가는 무엇인가? 등 여러 논쟁을 불러일으켰던 것으로 기억된다.

관악구는 산이 많은 곳이다. 서울의 허파로 불리는 관악산뿐만 아니라 삼성산, 청룡산이 대표적이다. 청룡산 자락에 자리잡은 관악구청 옆으로 나지막한 고개가 있다. 옛날 소나무가 울창해 숯을 많이 구웠다 해서 숯고개로 불리다 지금은 쑥고개로 불린다. 청룡산은 쑥고개와 서울대학교 정문 사이 일대 주민들에게 문화, 휴식, 산책, 운동 등 알토란 같은 청량제를 제공한다.

청룡산 유아숲에서 뛰어노는 아이들

주민과 구청장이 직접 소통하는 정기 관악청이 목요일 구청 1층에서 열렸는데 구석에서 공무원과 주민 한 분이 굳은 표정으로 대화를 하고 있었다. '무슨 일이 있겠거니' 하며 예정됐던 주민과 민원 상담을 시작했다. 잠시 휴식을 취할 때 보니 두 사람의 대화가 아직도 끝이 나지 않았다. 공무원의 표정은 더욱 굳었고, 주민은 많이 흥분돼 보였다. 예삿일이 아닌 것 같아 주민에게 구청장임을 밝히며 자리에 앉았다.

주민은 동물애호가였는데 사연은 이러했다. 청룡산 중턱 양지바른 곳에 있는 '유아숲체험장'에 암수 토끼 한 쌍이 살고 있다. '바람'과 '나무'다. 원래는 바람이 혼자였는데 외로워 보였던지 어떤 주민이 나무를 그곳에 풀어놓았다. 그런데 평화롭게 살던 토끼들에게 문제가 생겼

다. 유아숲체험장을 이용하는 아이들의 부모, 선생님들의 민원이 시작됐던 것이다. 이유는 '토끼가 아이들에게 옮길지도 모를 질병, 화단의 풀과 꽃잎 훼손, 일부 아이들의 공포심, 산만해지는 체험수업, 토끼의 왕성한 번식력' 등이었다. 덧붙여, 가끔 바람이와 나무의 지나친 '애정행각'으로 아이들을 따라온 어른들이 민망한 경우도 있다는 것이다.

공원녹지과 담당 공무원으로서는 민원해결을 위해 '유기된 토끼를 규정에 따라 조치'하겠다는 공지를 올렸다. 그러자 이번에는 여기에 맞서 '토끼를 청룡산에 그대로 두자'는 주민들의 호소가 이어졌다. 이들의 주장은 '토끼는 유해동물이 아니다. 많은 아이들과 부모들은 오히려 토끼를 좋아한다. 유아숲체험장에 토끼 같은 동물이 함께하는 것은 너무나 〈자연스러운〉 것이다. 토끼는 겁이 많아 아이들이 다가오면 도망가므로 공격적이지 않다. 개체 수 급증은 지켜본 후 조치해도 된다'는 것이었다.

대립하는 주민들 틈에 끼여 고심하던 공무원은 지혜를 발휘해 '토끼가 일정 구역에서만 살도록 울타리를 치자'는 수정 제안을 했던 것인데 '토끼가 자연 속에서 자유롭게 살도록 하는 것이 동물권 보호'라는 강한 주장에 막히자 '규정대로 하는 수밖에 없다'는 입장으로 선회했다. 그러자 동물애호가는 '서명운동과 청원, 언론사와 동물보호단체 등 토끼를 위해 모든 방법을 동원하겠다'고 맞선 것이 그날의 상황이었던 것이다.

양쪽 얘기를 다 듣고 나니 과연 해결책이 만만치 않았다. 주민의 입장이 갈리는 문제는 특히 쉬운 문제가 없다. 대체 누구 편을 들어줘야할지 난감하던 차에 퍼뜩 아이디어가 떠올랐다. '그럼 토끼가 유아숲체험장 쪽으로 접근하지 못하도록 유아숲체험장 둘레에 보호울타리를 치면 될 것 아닌가!'

나의 제안에 동물애호가가 먼저 반색을 했고, 담당 공무원도 쉽게 공사가 가능하다고 했다. 토끼 개체 수가 급증하는 것은 동물애호가 말대로 지켜보기로 했다. 그러니까 바라건대 청룡산 토끼 바람아, 나무야! 다정도 지나치면 화禍를 부르는 법이니 너무 지나치게 사랑하지는 말아다오! 우리 인간들도 오랫동안 너희들과 함께 살고 싶단다.

(뉴스1 2019. 5. 17.)

대통령에게 당한
의문의 1패

2019년 2월 1일, 설 연휴 직전 금요일이라 눈코 뜰 새 없이 바쁜 관내 일정을 소화 중이던 오전에 갑자기 핸드폰이 불이 나게 울려댔다. '문재인 대통령이 관악구에 떴다'는 것이다. 일부는 '대통령이 떴으니 빨리 오라'는 전갈이었고, 일부는 '대통령이 떴는데 구청장이 그것도 몰랐냐'는 힐난이었다.

황당했다. '곧바로 현장으로 달려가볼까?' 하는 마음도 없진 않았으나 주민들과 사전에 잡아놓은 약속들을 코앞에서 어기는 것도 문제였다. 더구나 그날은 설 연휴 때문에 경로당 방문 일정이 상대적으로 많았다. 구청장이 직접 찾아뵙고 친근하게 올리는 인사를 받는 것이 자부심이자 긍지라서 눈 빠지게 기다리시는 어르신들에게 그런 실례를 저지르는 것은 '싸가지 없는 구청장'으로 찍히는 지름길이다.

'대통령을 위한 경호가 시민들에게 끼칠 불편을 고려했겠지. 아무

2019년 2월 1일 문재인 대통령이 관악구 취약계층 가정에 도시락을 배달했다.

렴, 대통령 나름대로 조용히 다녀갈 이유가 있겠지'라 충분히 이해했고, 그렇게 상황은 종료됐다. 나중에 알고 보니 그날 문재인 대통령은 설을 맞아 저소득층 가정에 도시락을 배달하기 위해 '철통 같은 보안 속에 조용히' 다녀간 것이었다. 주민들에 대한 뜻하지 않은 민폐를 예방하기 위한 배려가 깃든 조치였음이 당연하지만 관내 구청장으로서는 대통령으로부터 이유 없이 의문의 1패를 당한 셈이 돼버렸다.

오는 7월 1일이면 구청장으로 취임한 지 1주년이 된다. 지금까지는 관행적으로 해당 부처에서 체육관 행사를 기획해왔던 것 같다. 그러나 이번 일을 계기로 주민들에게 의도치 않은 불편을 끼치지 않는 것이 좋겠다는 생각이 들었다. 그래서 1주년 기념일을 성대한 체육관 행사로

예산을 소비하고 바쁜 공무원들과 주민들께서 시간을 쪼개는 일이 없도록 하기 위해 '조용하나 의미 있는 동선과 일정'을 짜줄 것을 해당 부서에 진지하게 주문을 해 둔 상태다. 이전에 유례가 없는 가장 모범적인 취임 1주년을 보냄으로써 대통령께서 선물(?)하신 의문의 1패를 상쇄하리라!

덧붙여, 청와대와 정부는 전 국민을 염두에 둔 정책을 입안하고 집행한다. 그러다 보니 아무리 입안의 취지나 의도가 좋은 정책이라 할지라도 기초 지방정부 단위로 내려오면서 각 지방정부 현실에 따라 애초의 정책취지를 벗어나는 괴리가 종종 발생한다. 이러한 괴리의 실체를 대통령께서 정책집행 현장에서 체감해본다면 국정운영에 많은 도움이 될 것이다. 혹시라도 문재인 대통령께서 그것을 원할 경우 이번에는 '짜여진 각본에 따라' 관악구 방문을 해주시기 바란다.

(뉴스1 2019. 5. 31.)

직업으로 살펴보는
'구청장'이란?

직업이 구청장인 만큼 선거와 뗄 수 없는 관계다. 평소 아는 이장 출신의 한 정치인은 "선거 중 가장 어려운 선거는 대통령 선거가 아니라 이장 선거다. 이장에 당선 되려면 마을 주민 한 사람, 한 사람마다 그의 아버지, 할아버지는 물론 증조할아버지까지 4대에 걸쳐 양쪽 집안에 얽혔던 일들을 풀고 설득해야 표를 얻을 수 있다"며 웃었다. 유권자로부터 한 표 한 표 얻어내기가 그만큼 어렵다는 뜻의 유머일 것이다.

그러므로 대통령이든 국회의원이든 기초자치단체장이든 선거에 출마해 당선된 사람의 기분은 좋을 수밖에 없다. 다수의 출마자들이 사활을 건 경쟁 끝에 주권자의 최종 선택을 받았다는 것 자체가 아무나 경험할 수 있는 평범한 일은 아니기 때문이다. 선거 과정을 가까이서 지켜본 사람이라면 '당선인이 누구든 일단 당선됐다는 사실 자체만으로 인정받아 마땅하다'는 데 쉽게 동의하는 것도 그런 이유다. 그래서인지 구청장으로서 지방행정 업무를 시작한 이후 만나는 분들의 시선에 십중 팔구 '구청장 됐으니 얼마나 좋으냐'는 의미가 실려 있음을 느낀다.

그러나 구청장이 소화해야 하는 일과를 하루만 같이 해본다면 그런 눈빛의 대부분은 금세 동정(?)의 눈빛으로 바뀔 것이 분명하다. 출근하자마자 각 국과의 중요 보고와 정책적 판단, 최종 책임자로서 정책결정에 대한 결재가 밀려든다. 중간중간 끝없이 이어지는 민원의 해결책을 찾는 한편 관내 각종 행정현장을 둘러보거나 행사에 참석해 주민들의 목소리도 들어야 한다. 예정 없이 걸려오는 전화도 상대적으로 많은 편이다. 지역발전을 도모하기 위해 방문한 손님들과 지혜를 모으거나, 중앙정부나 서울시를 상대로 '영업'을 펼치는 일 또한 기업체 CEO 못지않다.

사정이 이러하니 점심이나 저녁 식사를 가족이나 가까운 사람끼리 오붓하게 하는 것은 설이나 추석 같은 명절에도 쉽지 않다. 다소 과장을 섞으면 거의 분 단위로 짜인 일정에 맞춰 바삐 움직여야 하는 것이 직업으로서 구청장의 실제 모습이다. 더구나 그런 일정이 대부분 '월화수목금금금'으로 주말 하루의 여유마저 없이 계속된다면 창의적 지방자치로 지역을 남다르게 발전시키고야 말겠다는 사명감이

나 그런 일로부터 삶의 보람을 찾는 태생적 DNA 없이는 결코 쉽지 않은 직업이다.

사시사철 빡빡한 일정의 연속이지만 꽃들이 만발하는 호시절 5월이 절정이다. 근로자의 날과 어린이날을 필두로 어버이날, 스승의 날, 성년의 날 등 각종 기념일과 함께 주민의 삶의 질을 높이는 행사가 상대적으로 집중되기 때문이다. 최근에 치른 굵직한 행사만 하더라도 2천여

2019 관악구민체육대회

구민들이 참가해 자웅을 겨뤘던 구민체육대회, 도시농업과 건강을 주제로 4일 동안 열렸던 서울도시농업박람회, 청년들의 아픔을 희망으로 버무리며 청춘의 끼를 맘껏 발산했던 청년축제, 서울대 인재들을 관악에 붙잡기 위해 마련된 낙성벤처밸리 페스티벌 등이 줄을 이었다. 관악구 곳곳에서 열린 어버이날 기념 이벤트 같은 연례행사는 미처 여기에 적을 자리도 없다.

이제 5월도 막바지라서 천지에 진동했던 관악산 꽃향기가 옅어지며 초여름 더위가 몰려오기 시작한다. 잠시 눈을 감고 상념에 잠기는 오후 한나절, 초등학교 때 교과서에 실렸던 산문 한 편이 불현듯 생각난다. 주민 행사에 참석하기 위해 머리 속으로 연설문을 구상하며 길을 나섰던 시장이 만발한 꽃향기에 취해 잠시 꽃밭에 누워 '만장하신 시민 여러분……'만 중얼거리다 그대로 잠이 들고 말았다는 내용이었다. 딱 오늘, 그 시장처럼 선선한 바람에 날리는 관악산 아카시아 꽃잎들 사이에 누워 서너 시간만 콜콜 잠들었으면 좋겠다.

(뉴스1 2019. 6. 14.)

지방자치행정,
망원경과 현미경이
필요합니다

만인을 모두 행복하게 해주는 정책이 있다면 좋겠지만 거의 모든 정책은 주민 간, 집단 간 이해충돌이 있기 마련이다. 행정은 그 충돌 지점에서 이해 당사자들의 수긍과 합의를 이끌어내는 정책적 지혜를 요구받는다. 필자가 구의원, 시의원이었을 때는 주로 집행부 공무원들에게 지적하고 요구하는 입장이었는데 막상 구청장으로서 반대 입장이 돼보니 행정에 대한 책임감으로 받는 정신적 압박이 만만찮다. 물론 24시간 무의식적으로 발휘되는 그 책임감이 보람으로 다가오기도 한다.

사상누각沙上樓閣은 모래밭 위에 집짓기다. 모래밭 위에 지은 집은 파도가 한 번만 쳐도 그냥 무너지고 만다. 하석상대下石上臺는 아랫돌 빼서 윗돌 괴고, 윗돌 빼서 아랫돌 괴는 식의 임시변통이다. 병의 원인을 찾아 치료하는 것이 아니라 표면적인 증상만 일시적으로 완화시키는 대증요법이다. 행정을 하다 보면 이런 맹점을 가진 정책들에 대해 원인 치료가 중요하다는 지적을 받지만 경우에 따라서는 대증요법도 필요하기 때문에 늘 고민이 깊다.

우리 관악구의 경우는 만 19세부터 39세까지 청년층 인구가 약 20만 명으로 전체 인구의 40%에 달한다. 일자리와 주거 중심의 청년문제는 현재 우리나라의 시급한 당면 과제 중 하나다. 원인을 치료하자면 시간이 걸리더라도 경제를 살려 좋은 일자리를 많이 만들고, 청년주택도 늘리는 등의 정책에 집중해야 하겠지만 그렇다고 당장의 현실이 어려운 청년들을 도외시할 수도 없다. 작더라도 그들에게 요긴한 물리적 지원책도 함께 찾아야 하는 것이 책임행정의 도리다.

그런 노력의 결과 2019년 1월 관내 일부 공인중개사분들의 협조를 얻어 19~29세 청년들이 일정 금액 이하의 원룸을 전월세로 임대할 경우 중개수수료를 20%~55%까지 할인해주는 정책을 전국 최초로 도입했다. 그 수수료 할인이 얼마나 도움이 되겠냐 싶겠지만 한 푼이 아쉬운 청년들은 반색을 하며 좋아했다. 제도 도입 후 불과 몇 달 만에 약 120여 건 계약에 1,500여 만 원의 혜택이 청년들에게 돌아갔다고 한다. (참고로 관악구청 홈페이지에 이 정책에 참여하는 공인중개사무소를 공개하고 있다.)

저출생 정책도 마찬가지다. 많은 지방정부들이 저출생을 극복하기 위해 출산장려금을 지급하고 있다. 그런데 '청년들이 결혼을 해도 출산을 기피하는 근본적 원인은 주거, 보육, 교육 등에 들어가는 과대한 비용과 노력을 감당하기 어렵기 때문이다. 나무만 보고 숲을 보지 않는 근시안적 정책이다'는 지적이 따른다. 맞는 지적이다. 그렇지만 지방자치 행정을 펼치는 입장에서는 어떻게든 젊은 신혼부부의 출산에 조금이라

청년 임차인
중개보수 감면 중개사무소

감면대상 만19~29세 청년이 7천5백만원 이하 전·월세 임대차 계약시

감면내용

구 분		전세(월세)금액	현재 요율	감면 요율
주 택		5천만원 미만	0.5 %	0.4 %
		5천만원 이상 ~ 7천5백만원 이하	0.4 %	0.3 %
건축물대장상 주택 외 (실제용도는 주택이용)		7천5백만원 이하	0.9%이내 협의	주택 현재 요율 (0.4~0.5%)

※ 월세 = 보증금 + (한달 월세액×100)
  단, 월차임에 100곱한 금액과 보증금의 합계액이 5천만원 미만인 경우에는 보증금 + (한달월세액×70)으로 한다.

관악구는 2019년 1월 1일부터 전국 최초로 청년 임차인 중개보수 감면 서비스를 도입해 시행 중이다.

도 도움을 주는 당장의 현실적 정책도 고민을 해야지 말로만 '저출생이 문제'라고 할 수는 없는 것 아니겠는가.

유대인들의 지혜가 담긴 책 《탈무드》에 보면 '아이에게 물고기를 잡아주지 말고 그물을 짜는 방법을 가르치라'고 했다. 그렇지만 교육과 행정은 다르다. 어떤 상황에서도 인간으로서 품위를 지키는 생활을 유지할 수 있는 사회안전망 구축에 심혈을 기울여야 하겠지만 당장 물고기 한 마리가 필요한 사람에게는 물고기 한 마리를 지원하는 정책도 필요하다. 나무도 보고 숲도 봐야 하는 것이 지방자치행정의 기본인 것이다. 때문에 구청장으로서 행정의 안경이 필요할 때면 늘 망원경과 현미경을 함께 준비하는 것을 잊지 않으려 노력한다.

(뉴스1 2019. 7. 2.)

'거시기'는
귀신도 모른다지만

"박 청장, 레미콘이 안 돼. 레미콘 좀 고쳐주고 가."

"네??? 갑자기 무슨 레미콘이요?"

"아, 텔레비전 레미콘 말이여."

"아, 그… 뭐냐… 거시기 말씀이군요. 이리 줘보세요."

경로당에 들렀을 때 어르신께서 리모콘을 레미콘이라고 하시는 통에 필자 역시 리모콘이라는 단어가 순간 생각이 안 나 당황했다. 리모콘은 수리가 어려워 새것으로 교체하도록 조치를 해드렸다. 구청장으로 하루를 보내자면 구청이나 산하 기관들이 주민들과의 소통을 위해 개최하는 이런저런 행사나 각종 위원회 회의에 참석해 인사말을 해야 할 경우도 많고, 주민 단체들이 주최하는 행사나 경로당 방문처럼 여러 주민들과 악수를 나누며 개별적인 안부 인사를 나누는 경우도 흔하다.

공적 성격이 강한 행사나 회의의 경우 시간에 맞춘 효율성이나 책임 있는 발언을 위해 미리 원고를 준비하지만 그렇게까지 할 필요가 없는 주민 행사나 가벼운 만남의 자리 등에서는 즉석 인사말이나 정책적 발언을 하는 경우도 많다. 이런 경우라도 정확한 소통을 위해 기억하기 어려운 숫자나 이름, 지명 등 데이터는 미리 메모를 해서 간다.

문제는 주민들과 함께하는 현장은 미리 짠 각본이 아니기 때문에 예상치 못한 상황이 생기는 것이 일상다반사라는 것이다. 그중 가장 난감한 상황이 여러 주민들 앞에서 뭔가 말을 하려는데 갑자기 단어가 생각이 안 나거나 인사를 나누는 상대방의 이름 등 관련 정보가 도무지 기억이 나지 않을 때다.

특정 단어가 생각이 안 날 때면 전달하려는 메시지를 주민들이 이해할 수 있도록 에둘러서 말을 하거나 주변 사람이 해당 단어를 살짝 알려줌으로써 위기상황을 피해가기도 하지만 그마저도 어려울 때는 예의 경로당 대화처럼 '거시기'라는 단어가 매우 유용하게 쓰인다. 심지어 "거시기 있잖아요, 거시기." "아, 네. 거시기 있죠. 그런데요?" 식으로 '거시기' 단어만 가지고도 의사소통을 하는 경우마저 있다. 신기한 것은 '거시기는 귀신도 모른다'지만 대부분의 '거시기한' 대화가 서로 소통하고자 하는 내용과 거의 일치해 전달이 된다는 것이다.

바로 오늘 있었던 일이다. 관내 어떤 행사에 참석했는데 한 주민께서 반갑게 인사를 건네왔다. 구청장에 당선되기 전 구의원, 시의원 때부터 가끔 뵀던 게 분명하고, 지난 구청장 선거 때도 나름 열심히 응원하셨던 분인데 까마귀 고기를 먹은 것처럼 존함이 기억이 나지 않는 것이었다. 반드시 호칭을 해야 하는데 이름이 기억나지 않을 때는 만병통치약인 '거시기'마저 써먹을 수가 없다. '거시기 선생님'이라 부를 수는 없으니까.

이럴 때는 동행한 직원에게 상대방이 눈치 채지 못하게 묻거나 급한 전화 좀 해야겠다는 등의 구실을 들어 응급조치를 해야 한다. 그리고 제자리로 돌아와 "아이고, 홍길동 사장님. 말씀 계속 하시죠"라며 자연스럽게 대화를 이어나간다. 만약 이런 경우 구청장이 자신의 이름도 기억하지 못한다는 사실을 주민 분께서 눈치라도 채게 되면 여러 측면에서 낭패가 아닐 수 없다.

마침 오늘 저 같은 일이 있었던 터라 가끔 겪고 있는 '망각'에 대한 글을 써봤다. 그러니 혹시라도 필자가 어떤 내용이나 단어, 이름 등이 갑자기 생각이 안 난 것 때문에 마음이 상했거나 앞으로 그런 일이 혹시 있더라도 구청장이 만물기억박사거나 천재가 아니라는 사실을 이 기회에 좀 이해해줬으면 좋겠다.

(뉴스1 2019. 7. 12.)

'맨발의 청춘'들에게

'눈물도 한숨도 나 혼자 씹어 삼키며 밤거리의 뒷골목을 누비고 다녀도 사랑만은 단 하나의 목숨을 걸었다'로 시작하는 이 노래는 가객 고(故) 최희준 선생의 중저음 히트곡 〈맨발의 청춘〉이다. 이 노래는 1960년대 개봉됐던 동명 영화의 주제곡이었다. 제목이 주는 느낌과 달리 영화는 뜻밖의 로맨스였지만 이후에도 자주 드라마나 다른 영화의 제목으로 차용됐을 만큼 '맨발의 청춘'이란 말은 표어처럼 강한 상징성을 지니고 있다.

'맨발의 청춘'은 구청장이 된 후 더욱 특별한 의미로 다가왔다. 청년인구가 특히 많은 자치구라 주거, 일자리, 삶의 질로 대변되는 청년문제 개선과 청년경제 부흥에 최선을 다하겠다는 약속을 누차 했었던 까닭이다. 취임 직후 청년정책 전담조직을 과(課) 단위로 격상시켰던 것은 그 약속을 지키려는 노력 중 첫 번째였다.

2019년 봄에는 청년들의 고뇌와 희망의 목소리를 직접 들어보자는 취지에서 관내 청년들을 대상으로 '청년연설대전'을 개최했었다. 행사로 바쁜 봄날의 토요일 일정이라 중간에 자리를 뜰 예정이었으나 청년들의 진지하고 절절한 목소리를 듣다 보니 자리를 뜨기가 미안해 끝까지 함께했다. 멀리 울산에서, 광주에서, 또 춘천에서 상경해 일명 '지옥고'(지하방, 옥탑방, 고시원)에서 버티며 뮤지션, 댄서, 다문화 전문가, 로스쿨 진학의 꿈을 위해 젊음을 태우는 청년들의 이야기마다 울컥하기도 했고, 힘껏 박수로 격려도 했다.

또 2019년 5월에는 구청 광장에서 '청년축제'가 열렸는데 '밥상 뒤집기'라는 생소한 프로그램이 눈에 띄었다. 담당 직원에게 물었더니 청년들이 우리 사회와 지도자들에게 평소 하고 싶었던 이야기들을 마음껏 한 후 밥상을 뒤엎는 퍼포먼스라고 했다. 1960~1970년대에 성장한 대부분의 장년층들에게는 매우 부정적 인상으로 남아있는 것이 뒤집힌 밥상의 추억이라 처음에는 꼭 이런 프로그램까지 해야 하나 싶었다.

그러나 축제를 공무원이 아닌 관내 청년들이 직접 기획했다는 말에 지난 시대의 인식으로 청년들을 재단하는 '꼰대'가 돼서는 안 되겠다는 생각에 제지하지는 않았다. 그런데 막상 축제 현장에서 보니 청년들은 스스로에게 미래의 다짐과 응원을 보내며 밥상을 뒤집는 터라 오히려 애교가 넘쳤다. 모두가 어렵다, 어렵다 하지만 그 와중에도 우리 청년들이 희망을 잃지 않고 자신의 꿈을 이루기 위해 도전하는 패기가 밥상에 가득했다. 그 또한 열렬히 박수로 응원했다.

얼마 전에는 몹시 흐뭇한 소식을 접했다. 우리 구는 삼성전자에 재직 중인 젊은 직원들이 주말 재능기부를 통해 취업을 준비 중인 청년들

의 멘토 역할을 해주는 '청년드림관악캠프'를 운영하고 있다. 이 프로그램에 열심히 참가했던 청년이 원하는 곳에 취업했다며 감사의 뜻을 담당 공무원과 멘토에게 전했다는 내용이었다. 현실이 어렵고 시간이 다소 걸릴지라도 이렇게 한 땀 한 땀 자신의 길을 개척해가고 있는 청년들이 그저 대견할 뿐이다.

이 청년들이 보다 쾌적한 주거 환경에서 자기가 하고 싶은 일과 다니고 싶은 직장에 다닐 수 있는 여건을 만들어줘야 한다. 결혼, 출산, 보육에 이르기까지 청년과 연계된 문제들이 개선의 실마리를 찾을 수 있도록 자치단체장으로서 할 수 있는 일은 무엇이든 최선을 다하겠다는 다짐을 그래서 또 하게 된다. 그러니 맨발의 청춘들이여, 고진감래 대기만성苦盡甘來 大器晚成이다. 으랏차차, 함께 힘을 내보자!

(뉴스1 2019. 9. 20.)

'강감찬 구청장'입니다

서울 관악구에는 전국적으로 유명한 곳이 두 군데가 있다. 하나는 관악산이고 또 하나는 서울대학교다. 그런데 사람들은 관악산을 서울의 산으로 생각하지 관악구의 산으로 생각하지 않는다. 서울대학교 역시 대한민국 대학으로 생각한다. 따라서 이 둘을 관악구의 대표 브랜드로 삼기에는 노력에 비해 소득에 한계가 있다.

관악구를 대변하는 명품 브랜드를 고민하던 차에 떠올랐던 분이 귀주대첩의 영웅 '강감찬 장군'이다. 귀주대첩은 고려 현종 때 3차로 침입해 온 거란 최고의 장수 소배압과 10만 거란군을 1019년 3월(음력 2월) 귀주에서 수공을 펼쳐 궤멸시킨 전투였는데 을지문덕 장군의 살수대첩, 이순신 장군의 한산도대첩과 더불어 우리 역사상 3대 대첩으로 인정받기도 한다.

강감찬 장군은 36세에 과거에 급제한 후 벼슬이 지금의 국무총리

격인 문하시중門下侍中에 이르렀던 문인 출신이었기에 문무를 겸비한 인재의 표본이라 할 수 있는데 그분께서 탄생하신 곳이 바로 관악산 자락에 있는 낙성대落星垈다. '강감찬 장군께서 태어나시던 날, 하늘에서 큰 별이 떨어졌다'는 전설 때문에 붙은 이름이다. 실제로 관악구 낙성대동에서 장군의 생가生家임을 알리는 '姜邯贊 落星垈(강감찬 낙성대)' 글자가 새겨진 3층 석탑과 장군과 함께 자랐다는 향나무가 발견된 후 인근에 낙성대 공원이 조성돼 사당(안국사)과 기념관 등을 짓고 생가터를 보호구역으로 지정해 장군을 기리게 되었다. 이게 무려 50여 년 전의 일이다.

그뿐만이 아니다. 관악구에는 강감찬 장군의 시호 인헌仁憲을 딴 인헌동, 인헌 초·중·고등학교가 있다. 장군의 어린 시절 아명인 은천殷川을 딴 은천동과 은천초등학교도 있다. 낙성대공원 인근에는 '강감찬 텃밭'이 있고, 남부순환도로 관악구 구간인 시흥IC에서 사당IC까지 7.6km를 '강감찬대로'라는 별도 이름으로 지정하는 등 곳곳에 강감찬 장군을 도시 브랜드로 만들려는 노력이 계속되고 있다.

그러나 이런 노력에도 불구하고 '강감찬 도시 관악'은 어떤 이유에선지 기대만큼 알려지지 않았다. 구청장에 취임한 후 어떻게 하면 관악구가 명실상부하게 문무를 겸비한 강감찬 도시로 스토리텔링이 될 수 있을까 고민하다 문득 '강감찬 삼행시'를 떠올리게 됐다. '강한 경제, 감동 행정, 찬란한 문화, 강감찬!' 1년이 넘도록 공사를 불문하고 인사를 하는 자리마다 "강한 경제, 감동 행정, 찬란한 문화, 강감찬 구청장입니다!"를 외치고 다녔더니 확실히 좀 나아지는 느낌이 들어 멈추지 않고 계속할 생각이다. 다만 걱정이 좀 되는 것은 주민들이 본명 대신 강감찬 장군만 기억하지 않을까 하는 것이다.

　　강감찬 장군과 더불어 관악구에는 또 조선 광해군 때 왕의 지시를 받아 후금에 위장 투항했다 귀국해 고초를 당했던 비운의 강홍립 장군께서 난蘭을 키우며 노년을 보냈다는 데서 유래한 난향蘭香, 난곡蘭谷이 있다. 이렇듯 관악은 현재는 서울대학교가 있을 뿐만 아니라 예로부터 문무겸비 웅장의 도시였다.

　　2019년 3월 10일은 강감찬 장군의 귀주대첩이 있었던 천주년이었다. 관악구는 이를 기념하기 위해 오는 10월 17일부터 19일까지 전야제와 강감찬 가요제, 귀주대첩 재연 등 대대적인 '강감찬축제'를 준비 중이다. 또 10월 13일에는 이를 기념하는 송해 선생님의 KBS 전국노래자랑 관악구 편이 방송된다. 많은 응원을 해주셨으면 좋겠다.

(뉴스1 2019. 10. 4.)

토론합시다

대학 졸업 후 현실 정치에 뛰어들었던 청년시절과 뒤이은 16년 동안 관악구의원, 서울시의원을 하면서 나에게 토론은 아주 익숙한 생활의 일부였다. 많은 동료 활동가들과 활동의 결과를 분석하고 반성하면서 뒤이어 벌일 활동에 대한 공동의 목적, 방향, 방법론을 이끌어내려면 토론은 필수조건이었다. 의견 차이가 커 결론을 내지 못할 때면 여러 날을 두고 격렬한 토론이 계속되거나 끝내 노선 차이로 결별을 하는 경우도 허다했다. TV 프로그램의 토론회처럼 형식과 내용이 완벽하지는 않았더라도 지역정치단체의 의사결정은 민주주의 정신이 기본인 만큼 대부분 토론으로 이뤄졌다.

지방의회 의원일 때도 토론은 필수였다. 구의원 때는 동네 골목의 배수시설, 과속방지턱, 가로등의 밝기와 높이, CCTV 설치여부 등 크고 작은 민원을 놓고 의견이 다른 주민, 공무원과 모여 해결방안을 찾기

2020년 협치과제 우선순위 선정을 위한

100인+ 원탁회의

2019. 7. 1.(월) 15:30 관악구청 8층 대강당

관악구는 민선 7기의 핵심가치인 협치를 실천하기 위해 다양한 토론회를 개최했다.

위해 자연스럽게 토론이 벌어졌다. 또 상임위나 본회의에서 의견이 갈리는 의원들과도 안건의 통과를 위한 토론과 타협은 당연한 과정이었다. 올해 기준 약 36조 원 규모에 이르는 서울시의 연간 사업과 예산을 감시, 견제하는 시의원 때는 토론의 주제와 내용이 더욱 방대해지면서 동시에 전문화됐다. 지금 당장 서울시의 환경과 수자원 정책, 교통정책 등에 관해 토론이 벌어진다 해도 자신 있게 참여할 수 있는 것은 해당 상임위 활동으로 쌓인 전문가적 역량 덕분이다.

이런 토론의 경우 어느 한쪽이 일방적으로 자신의 의견을 관철하기보다 서로의 입장을 이해하고 설득해 적절한 중간지점의 타협안을 만들어 내는 과정이라 토론을 하다 보면 아무도 생각하지 못했던 기발한 해결책이 만들어지는 일도 많았다. 그런 과정을 거쳐 의사봉을 두드리는 최종안이 결정되고 나면 가슴 벅찬 보람을 느끼게 된다. 나아가 내 의견이 많이 반영된 최종안을 얻게 되면 자신도 모르게 얼굴에 퍼지는 웃음을 감출 수 없다. 지금껏 토론의 일상을 보내면서 깨달은 토론의 가치란 바로 이 보람과 웃음이라 하겠다.

구청장에 취임해보니 어느 정도 예상은 했지만 국장회의, 확대간부회의, 동장회의, 정책자문회의 등등 생각 이상으로 회의가 많았다. 그런데 대부분 회의가 서로의 생각을 보태는 토론 대신 설명이나 현황보고 형식으로 진행됐는데 한정된 시간에 회의를 마쳐야 하니 토론을 벌일 여유가 없어 보였다. 그래서 숫자가 상대적으로 적고 매주 열리는 국장회의 때 토론방식을 도입해봤으면 좋겠다는 의사를 담당 과장에게 피력하면서 지금껏 겪었던 토론의 장점을 강조했다.

그 주에 가장 이슈가 되는 정책을 다루는 데다 최고간부회의니 토론도 활발할 것으로 기대했지만 현실은 그렇지 않았다. 마음을 열고 격의 없이 토론해보자 해도 진짜 격의 없이 의견을 내는 간부가 드물었다. 알고 보니 분명한 이유가 있었다. 자기 소관이 아닌 타 부서 정책이나 현안에 대해서 가급적 공개적 발언이나 참견을 삼가는 '공무원 문화'가 토론의 장애물이었는데 얘기를 들어보니 그도 충분히 납득이 됐다.

그렇다고 '그 좋은 토론'을 포기할 수는 없는 법, 다양한 아이디어를 동원해 토론이 활성화되도록 노력한 결과 시간이 갈수록 점점 변하는 것을 느낀다. 시민단체나 의회 수준에는 여전히 못 미치지만 시작이 반이라니까 언젠가는 공무원들이 부서불문의 활발한 토론을 통해 보다 좋은 정책을 이끌어낼 날이 오리라 믿는다. 아직까지는 회의가 끝나고 점심을 어느 식당에 가서 먹을지 논의할 때 토론이 가장 활발하다. 자자, 밥 먹고 합시다!

(뉴스1 2019. 10. 18.)

낙성벤처밸리를
아십니까?

"미래를 내다보며 점點을 연결할 수는 없습니다. 뒤를 돌아보며 연결할 수밖에 없습니다. 그러니 점이 어떻게든 연결되리라 믿어야 합니다. 무언가를 믿어야 합니다. 이를테면 여러분의 배짱, 운명, 인생, 인연 같은 것들이지요. 이런 생각은 저를 한 번도 실망시킨 적이 없고, 제 인생을 완전히 바꿔 놓았습니다……. 인생은 불현듯 여러분의 뒤통수를 벽돌로 칩니다. 신념을 잃지 마세요……. (Stay Hungry, Stay Foolish) 계속 갈증을 느끼고, 우직하게 바보처럼 나아가십시오."

대학을 자퇴했던 미국의 스티브 잡스가 세계적인 벤처 기업가로 성공한 후 스탠포드 대학 졸업식에서 했던 명연설의 일부다. 대부분 알다시피 잡스는 청년 시절 부모님 차고에서 애플사를 창업했던 것을 필두로 매킨토시 컴퓨터, 아이폰, 아이패드, 픽사 애니메이션 등으로 대변되는 창의적 발상이 남다른 사람이었다. 잡스의 성공 배경에는 당연히 그

의 개인적 역량이 출중한 점도 있지만 그와 더불어 실리콘밸리라는 벤처기업 생태계와 그 배후에서 인재와 기술을 공급하는 저수지 역할을 맡은 스탠포드 대학을 빼놓을 수 없다. 마찬가지로 IT혁신의 중국을 이끌고 있는 중관춘 지대 역시 칭화대, 베이징대 등이 저수지다.

우리나라 대표 대학은 자타공인 관악구에 있는 서울대학교다. 1세대 벤처기업인들부터 예비 벤처인까지 서울대 출신이 적지 않다. 현재 서울대 캠퍼스에는 수백 명의 청년들이 잡스와 같은 꿈을 꾸며 창업에 매진하고 있다. 그런데 예전까지는 이들이 일단 벤처 기업화에 성공하면 다음 정착지는 테헤란밸리나 G밸리, 판교밸리였다.

지역경제를 살리겠다는 경제구청장을 표방하면서 내세웠던 정책이 '전통시장, 골목상권, 청년경제, 사회적 경제'를 활성화시키겠다는 '사활 정책'이었다. 관악은 서울대와 옛 신림동 고시촌 등으로 인해 청년인구

관악S밸리 벤처기업육성촉진지구

낙성벤처밸리지구

관악구청

신림역

서울대입구역

서울대벤처타운역

낙성대역

신림창업밸리지구

서울대학교

서울대밸리지구

구분
- 벤처기업 위치
- 초·중·고
- 신림선
- 도로
- 2호선
- 관악구청

2022년 1월 11일 중소벤처기업부는 관악구 일대를 '벤처기업 육성촉진지구'로 지정·고시했다. 벤처지구는 벤처기업의 집적을 유도하거나 집적된 지역에 인프라를 지원해 협업형 한국형 벤처지구를 조성하고자 하는 입지 지원 제도로서 해당 지구에 입주한 기업에 대해 세금 감면, 각종 부담금 면제 혜택을 비롯해 기술사업화, 판로·마케팅, 교육·컨설팅, 네트워킹 등 다양한 혜택이 주어진다.

가 약 40%로 전국 지자체 중 선두를 달리는 곳이다. 이들의 미래를 동력으로 삼는 가장 효율적인 정책은 서울대 후문인 낙성대 인근 지역과 자연녹지에 벤처밸리를 조성해 서울대에서 독립해 나오는 벤처 기업인들을 정주시킴으로써 관악의 청년경제를 확장시키는 것이다.

때문에 취임 직후부터 낙성벤처밸리 조성에 심혈을 기울였다. 교통이 좋은 지하철 2호선 낙성대역 인근에 구청이 자체적으로 활용할 수 있는 가용자원을 동원해 벤처기업 육성을 위한 앵커시설을 신축 중이고, 지난 5월 서울시에서 향후 매입할 예정인 관악창업공간 빌딩을 임차해 스타트업 기업도 미리 입주시켰다. 민간 벤처 캐피탈 회사의 이 일대 벤처기업에 대한 투자도 이뤄지고 있다.(2020. 3. 앵커시설 '낙성벤처창업센터' 조성 완료)

희망적인 것은 서울대의 관심이 예전보다 적극적으로 변했다는 것이다. 중국 칭화대 기술지주회사인 치디홀딩스와 관악구 관계자들의 교차방문 끝에 서울대 기술지주회사까지 포함하는 상호협력관계를 이끌어냈다.

바라건대, 이제 서울대의 우수한 지적 자원과 기술을 저수지 삼아 낙성벤처밸리의 벤처기업 생태계와 인프라 조성 노력이 결실을 맺음으로써 이곳에서 '제2, 제3의 스티브 잡스'가 하루빨리 나오기를 손꼽아 기다리겠다.

(뉴스1 2019. 11. 8.)

정부혁신
새 패러다임의
광폭 행보

지구촌 곳곳에 혁신 열풍이 불고 있다. 기업이든 정부든 혁신하지 않으면 미래가 없다. 글로벌 초경쟁 환경에서 세계 각국은 국가경쟁력을 강화하고자 정부혁신에 사활을 걸고 있는데 우리나라는 문재인 정부 출범 이듬해인 2018년부터 정부혁신을 본격적으로 추진하고 있다.

사실 처음은 아니다. 신공공관리론이 풍미한 김영삼 정부부터 신공공서비스론이 유행한 박근혜 정부 시기까지 나름의 정부혁신은 있었다. 그러나 문재인 정부의 정부혁신은 역대 정부와는 확연히 다르다. 정부혁신의 패러다임이 질적으로 전환되었다고 생각한다. 행정조직 내부의 혁신을 넘어 '사회적 가치' 실현, '정책 과정과 결과의 혁신'까지 지향하는 광폭의 혁신이기 때문이다.

왜 사회적 가치인가? 그것은 저성장과 저소비, 고실업과 고위험의 뉴 노멀 시대, 계층·세대·지역 간 갈등과 불평등이 고착화된 대한민국

제1회 정부혁신전략회의

의 현실 속에서 공공의 이익과 공동체 발전에 기여할 수 있는 '공공성' 회복이 거스를 수 없는 시대적 과제가 됐기 때문이다. 오늘날 인권, 안전, 보건복지, 근로조건 향상, 사회통합, 상생과 협력, 양질의 일자리, 공동체 활성화, 지역경제 공헌, 기업의 사회적 책임, 환경, 시민참여, 공동체 이익실현 등과 같은 사회적 가치는 경제성장 못지않은 핵심가치다.

정부혁신 3대 전략은 '정부운영을 사회적 가치 중심으로 전환', '참여와 협력으로 할 일을 하는 정부 구현', '낡은 관행을 혁신하여 신뢰받는 정부 구현'이다. 이들 전략은 '사회혁신'social innovation과 접목되는 지점이 넓다는 점에서 매우 바람직하다. 성공적 정부혁신을 위해서는 시민들의 정책 과정 참여가 필수적이고 성공적인 정부혁신은 사회혁신에 긍정적인 영향을 주기 때문이다.

최근 행정안전부를 비롯한 각 부처는 물론이고 전국 대부분의 지방정부가 혁신성과 창출을 위해 심혈을 기울이고 있으며 여러 성공사례가 전파, 공유되고 있다. 서울시 관악구의 경우, '혁신, 포용, 협치'를 민선 7기의 구정가치로 설정하고 혁신과제를 추진 중인데, 2019년에는 혁신 관악청 운영, 민관협치 실천, 전국 최초 하수관 부분굴착 신공법 개발 등 혁신 분야 공적을 인정받아 한국언론인연합회로부터 '행정혁신 특별대상'을 수상했다.

필자는 정부혁신의 성공 요체는 사람이라고 생각한다. 2018년 구청장이 되자마자 직원들이 혁신 활동에 동참하게끔 설득했다. 2019년에는 직원들 스스로 혁신역량을 배가하도록 혁신 교육과 연찬회를 확대 개최하고 혁신 동아리 활동도 지원하였다. 혁신협치위원회, 협치회의, 정책자문단, 혁신정책연구단을 통해 다양한 시민, 전문가, 공무원들이 정책과정에 참여해 심도 있는 대화와 담론, 성찰과 숙의를 펼치도록 하였다. 한편, 관악구는 국민들에게 관심정보를 적극 제공함으로써 행정안전부가 실시한 '2019 정보공개 종합평가'에서 최우수 등급을 받았다.

필자는 또한 지방행정 현장에서 정보통신기술 기반 혁신 플랫폼의 중요성을 실감하고 있다. 관악구는 2019년 7월부터 혁신 플랫폼인 '온라인 관악청'을 운영 중인데 참신한 정책이 많이 제안되고 담론이 활발하게 진행되고 있다. 온라인 혁신 플랫폼 덕분에 서울대 도시·사회혁신 전공 대학원생들과 성현동 주민자치회가 함께하는 '지하보도 개선 리빙랩 프로젝트'가 탄생할 수 있었다.

향후 4차 산업혁명 기술이 발전되면 정부혁신은 실제로 어떻게 펼쳐질까? 매우 기대되는 대목이다. 한 가지 분명한 것은 자치분권이 이뤄지면 대한민국 정부혁신은 결국 지방정부와 지역주민이 주도한다는 사실이다. 혁신하지 않으면 혁신 당한다. 혁신은 계속되어야 한다. 이에 관악구는 스마트 지역혁신 생태계 구축을 위해 힘쓰고 있다.

(뉴스1 2019. 12. 6.)

식량안보와
도시농업에 대하여

'관악도시농업공원'과
'강감찬 도시농업센터' 준공에 부쳐

이산화탄소 증가에 따른 지구온난화가 지구촌 곳곳에 이상기후를 일으키며 대재앙의 경고음을 멈추지 않고 있다. 기후 재앙은 인류가 이룩한 과학기술이 극복할 수 있는 한계를 뛰어 넘기에 대양의 많은 섬나라들과 대륙의 해변가 도시들이 바닷물 속에 가라앉는 소멸이 점차 현실로 다가오고 있는 바, 기후재앙으로 가장 걱정되는 하나가 흉작이 부르는 지구적 식량위기이다.

이미 알고 있듯이 우리나라의 전체 곡물자급률은 평균 20%대에 머무르고 있는 실정이다. 주식인 쌀은 자급이 가능한 수준이라고 하지만 이 또한 밀, 육류 등 쌀 대체 식품의 소비량과 계속 감소 중인 전답, 벼농사 농가 비율을 염두에 두고 살펴봐야 한다. 취약한 식량안보의 대처방안으로 한 농업학자는 된장, 간장, 두부 등 우리 식단에 매우 중요한 콩만이라도 도시와 농촌 곳곳의 빈 땅에 심어 현재 10% 이하에 머

강감찬 도시농업센터

무르고 있는 콩 자급률을 끌어올려야 한다고 주장하기도 한다.

관악산을 비롯해 녹지가 약 47%에 이르는 관악구의 경우 식량안보를 위한 도시농업정책을 시험, 발전시키기 안성맞춤이다. 구청장으로 취임한 첫해부터 도시농업에 관심을 쏟은 결과 2019년 5월 '제8회 서울 도시농업박람회'를 낙성대공원 인근에서 개최해 성황을 이뤘다.

물론 관악구는 박람회 이전부터 서울대 후문 녹지지역에 강감찬 텃밭을 대규모로 운영해온 것을 비롯해 청룡산 등 자연녹지 여러 곳과 주민센터 옥상 등 건물 자투리에 텃밭을 조성해 도시농업을 장려해왔다.

마침내 2019년 10월 30일, 1년 넘게 공사를 진행한 '관악도시농업공원'이 삼성산 자락 삼성동 인근에 준공됨으로써 도시농업의 새로운 활력소를 마련했다. 습지와 생태숲길을 갖춘 이곳에서는 벼 경작, 양봉 등의

강감찬 도시농업센터 내부 모습

도시화와 함께 천연염색 등 도시농업의 다양한 발전 방안을 탐구하게 될 것이다. 또한 낙성대공원 쪽 '강감찬 텃밭' 인근에 서울의 도시농업을 선도할 〈강감찬 도시농업센터〉 건물도 준공을 앞두고 있다.(2021. 5. 개관)

미래학자들은 머지않아 식량도 도시 인근에 대규모로 건축된 공장에서 과학적으로 경작될 것이라는 예측을 내놓는다. 넓은 땅이 필수인 전답의 한계를 벗어나 도시의 건물에서, 기후재앙과 무관하게 식량 대규모 생산이 가능해진다면 이는 식량안보 차원에서 매우 다행스런 일이 아닐 수 없다. '관악도시농업공원'과 '강감찬 도시농업센터'가 이러한 도시농업 발전의 주춧돌이 되도록 계속 관심을 기울일 생각인 바, 차제에 낙성벤처밸리가 바이오 팜 기업들의 요람이 됨으로써 시너지를 내는 것도 나쁘지 않을 것 같다.

(뉴스1 2019. 11. 22.)

공무원이 웃어야
주민도 웃는다

10년 전 미국 유통의 공룡기업 아마존닷컴이 비교도 안 되게 작은 기업인 온라인 신발 쇼핑몰 자포스^{Zappos}를 12억 달러의 거금에 인수함으로써 전세계적으로 화제가 됐었다. 그 당시 제프 베조스 아마존닷컴 대표의 속내를 두고 여러 전문가들이 해석에 열을 올렸는데 '아마존닷컴이 기존의 틀을 깨고 한 차원 더 발전하기 위해 자포스의 사람중심 기업문화를 파격적 가격에 사들인 것'이라는 해석이 상당한 설득력을 얻었다.

강소기업 자포스의 유일하고 독특한 기업문화는 철저하게 '사람이 먼저다. 직원이 행복해야 고객도 행복하다'는 전제 아래 형성된 사람(고객) 존중 문화였다. 제프 베조스는 '그 문화를 아마존에 이식하고 싶었다'는 것이다. 그런 만큼 자포스는 직원들의 직장 만족도를 극대화시키기 위해 독창적인 제도와 리더십을 추구했고, 그 결과가 탁월한 고객감동과 회사 성장으로 이어졌다.

우리나라도 역시 자영업부터 기업, 공공분야까지 고객만족, 고객감동을 내걸지 않는 곳이 없다. 조직의 대표는 이를 위해 아침 회의 때마다 '주인의식'을 강조한다. 사장은 종업원들에게 '내가 회사의 주인이라는 생각으로 업무에 임하라'고 하고, 구청장은 공무원들에게 '내가 구청장이라 생각하고 주민을 대하라'고 한다. 그러나 듣는 사람의 입장에서는 자신이 실제 주인이 아니고, 구청장이 아니므로 자발적 주인의식을 갖기란 쉽지 않다. 자포스가 남달랐던 것은 구체적인 제도와 보상, 솔선수범하는 리더십으로 직원들의 직장만족도를 끌어올림으로써 형성된 자발적 주인의식이 진심으로 사람을 존중하는 고객밀착 서비스로 이어졌던 것이다.

필자 주변에도 오랫동안 다니는 단골 가게들이 꽤 있다. 그중 손님의 동태를 살피는 종업원들의 배려와 친절이 남다른 식당이 있다. 이 식당 종업원들은 대부분 장기 근무자라 이들을 만난 지 10년도 넘었는데 장사가 잘 되는지 갈 때마다 손님들이 많다. 뒤로 들리는 얘기로는 이 식당 사장의 성품이 매우 인간적일 뿐만 아니라 4대보험, 특별수당 등 종업원들을 대하는 방식이 남다르다고 한다. 때문에 이 식당에 들러 밥을 먹는 날은 늘 기분이 좋다. 그리고 이 사장이 만들어내는 기업문화를 우리 구청에 도입할 방법이 없을지도 궁리한다.

왜냐하면 필자 역시 구청장에 취임하면서 '공무원들이 더욱 적극적으로 주민을 존중하는 행정서비스를 제공할 수 있는 방법론'을 많이 고민했는데 결론은 '공무원의 직장 행복도를 높이는 것'이 정답이었기 때문이다. 그래서 나름대로 '직원이 행복해 하는 직장문화'를 일구기 위

해 스스로 할 수 있는 것들은 작은 것이라도 일단 실천하는 것부터 시작했다.

권위적인 모습을 지양하고 평소대로의 편한 자세로, 맡은 업무와 직급의 고하를 떠나 누구나 평등하게, 솔선수범하는 자세를 잃지 않으려 노력했다. 뉴스로 접했던 자포스와 눈으로 보는 동네 식당의 기업문화를 늘 의식하면서 직원들과의 소소한 일상과 업무적 대화부터 공정한 성과보상, 인사지침 등 주요 제도에 이르기까지 이전과 다르게 개선하려는 노력도 지속하고 있다. 사기업이 아닌 공공기관이라 방법도 달라야 하고 한계도 있지만 구청문화가 예전과 많이 달라졌다는 평가를 '공공연하게' 얻을 때까지 노력을 멈추지 않을 생각이다.

(뉴스1 2019. 12. 21.)

동물과 공존하는
세상을 위하여

어려서 섬에서 자랄 때 나비(고양이)보다 강아지를 키우는 집이 많았다. 어린이들에게 동네 강아지들은 누구네 집 강아지냐를 떠나 무료함을 달래주는 훌륭한 친구들이었다. 그러나 당시 강아지를 키우는 어른들은 다분히 다목적(?)이었기에 아이들은 가끔 통보 없는 갑작스런 이별의 슬픔을 감당해야 했다.

집에서 기르는 반려동물은 이제 뒤에다 '동물'이란 단어를 붙이기가 민망할 정도로 소중한 가족의 일원으로 인식돼가고 있다. 최소한 반려동물가족이라 해야 할 것 같다. 반려동물가족에는 대개 개와 고양이가 많은데 이 둘은 성향이 판이하다. 동물 애호가들의 의견에 따르면 개는 밥을 주는 사람을 자신의 주인으로 생각하는 반면 고양이는 자신에게 밥을 주는 사람을 자신의 신하로 생각한다고 한다. 그래서 고양이와 함께 사는 사람은 자신을 '집사'라고 자칭하기도 한다.

필자 주변에도 고양이나 개와 반려하는 지인들이 많은데 느낌상 5명 중 1명은 되는 것 같다. 결코 적지 않은 비율이다. 어느 날 고양이와 개 모두와 반려하는 가까운 친구와 관악산에 오르는데 그가 말하길 "사랑이가 아파 동물병원에 데려가 치료를 했는데 000원의 돈이 들었다"고 했다. '사랑'은 그 친구네 강아지 이름이다. 내심 필자에게 그 돈이 적지 않은 터라 "아깝다는 생각이 들지 않았느냐?" 물었다. 친구는 "그 아이들이 우리 가족들에게 베풀어 준 것에 비하면 껌값"이라는 답변을 했다. 아! 그 말을 듣는 순간 새롭게 깨달았다. 반려동물가족과 함께하는 사람들은 그렇지 않은 사람들이 상상하기 어려운 정情과 위로를 사람 이상으로 상호간에 교감한다는 것을.

　　때문에 민선 7기 구청장에 취임하면서 '동물과의 공존'을 향후 구정에서 펼칠 핵심과제 중 하나로 선정함으로써 반려동물가족에 관한 정책을 소홀히 하지 않겠다고 공약했다. 이 때문에 반려동물팀과 소통도 잦다. 행정의 어려움은 늘 주민 모두를 만족시킬 수 없다는 것에 있듯 반려동물가족 정책 역시 반대하는 다수 주민들의 민원 때문에 가운데 끼인 담당직원들의 고충이 크다는 것을 알기 때문이다. 그런 어려움에도 불구하고 길고양이 급식소 및 중성화 사업, 유기동물 구조와 입양, 반려동물가족과 반려할 수 있는 휴식처 등등 관련 정책을 소신껏 진행함으로써 '동물과의 공존'이라는 약속을 지키려고 노력 중이다.

　　반려동물가족을 배려하는 정책과 행정 서비스는 이제 해도 그만, 안 해도 그만인 시대가 저물었다. 나쁘지 않은 현상이다. 평등과 평화는 언제나 인간 세계의 중요한 가치로 인식되는데 동물과 공존 정책 역시 지구와 생명에 대한 평등평화사상에서 인식되고 기획됐었다. 그런 차원

관악구는 2020년 대한민국 동물복지대상에서 공공.지자체 부문 우수상(행정안전부장관상)을 수상했다.

에서 반려동물가족을 소중히 여기는 주민들과 그렇지 않은 주민들 사이에서 합의점을 찾는 정책을 개발하고 시행하기 위해 오늘도 반려동물 팀과 머리를 맞대고 고민한다. 필자의 이런 노력을 인정해 어느 동네를 가든 고양이나 강아지, 토끼 등 반려동물가족들이 짖거나 놀라지 않고 반갑게 대해줬으면 좋겠다.

날씨가 점점 겨울의 한복판으로 들어가고 있어 한파가 예상된다. 어느 누구라도 보호받지 못하고 길거리를 헤매는 동물가족들을 만나면 따뜻한 인정人情과 배려심 넘치는 도시의 겨울이 되기를 희망해본다.

(뉴스1 2020. 1. 3.)

2020 경자년
벽두에 서서

"인생은 '한 방'이 아니라 '단 한 번' 사는 것이다." 엊그제 SNS상에서 우연히 저 문장을 보는 순간 평소와 달리 갑작스런 깨달음을 얻은 듯 멍해졌다. 문득 '단 한 번 사는 인생인데 나는 과연 지금껏 잘 살아온 것일까?' 하는 의문이 들었던 것이다. 살아온 전 과정을 반추해 점수를 매기기는 어렵겠지만 외람되나 '최소한 지금 이 순간만큼은 잘 살고 있는 것 같다'는 생각이 감히 들었다.

세밑 마지막 퇴근 때와 새해 첫 출근 때는 아무래도 마음가짐이 달라진다. 전자에 아쉬움과 안도감이 교차한다면 후자는 다짐과 설렘이 함께한다. 새해 첫 날이 또 어김없이 왔다. 모든 직장이 그렇듯 구청에서도 시무식이 열렸다. 구청장으로서 지난해를 마감하고 새해의 포부를 밝히는 신년사를 발표하는데 지난해 신년사를 발표했던 게 엊그제 같다는 생각에 세월의 덧없음을 실감한다.

더구나 초선 구청장으로서 마음이 급하다 보니 지난 1년은 정말이지 어떻게 지나갔는지 모르게 지나갔다. 하여튼 정신없이 뛰었던 것 같다. 그런 결과인지 연초에 다짐했던 것들을 모두 이루지는 못했지만 지역경제와 청년경제의 활성화를 위해 남달리 굵직굵직한 사업들도 일구었고, 전국 지방정부 공무원들이 포함된 1400명의 투표인단이 뽑은 '2019 올해의 지방자치 (구청장 부문) CEO' 상賞을 구청장으로서는 유일하게 받는 과분함을 누리기도 했다.

　　성과가 뿌듯하면 새해 계획도 자신감이 넘치는 법이지만 그럼에도 불구하고 세월의 무상함이 마음 한편에 스며드는 것은 사람인 이상 누구라도 어쩔 수 없나 보다. 지난 연말을 장식했던 송년 모임 중에는 오랜 세월을 함께해온 죽마고우들의 모임도 많았다. 그런데 이 모임에 가면 유독 세월의 흐름이 선명해진다. 코흘리개 시절부터 함께 겪어온 터라 신체 여기저기에서 드러나는 관록의 잔뼈(?)들이 눈에 금방 띄기 때문이다.

　　장년에 이르다 보니 젓가락 같았던 친구가 어느새 배불뚝이가 됐고, 눈에 띄게 흰머리가 듬성듬성한 친구들도 늘어났다. "너는 옛날이나 지금이나 똑같아. 듬직한 배는 인격이야. 인분격납고일 뿐이라고!" 같은 실없는 농담에 애써 박장대소를 연발하면서도 누군가 읊조리는 '조여청사모성설朝如靑絲暮成雪, 아침에는 푸른 실 같던 머리털이 저녁에는 눈처럼 하얗게 변했구나!' 시구에 덧없이 흘러버린 세월을 위로하는 애수의 술잔을 부딪치는 것이다.

　　각설, 인생사 새옹지마塞翁之馬라고 했다. 슬픔과 기쁨은 동전의 양면처럼 붙어 다닌다고 한다. 슬픔의 꼬리를 기쁨이 물고, 기쁨의 꼬리를 슬픔이 물고 있으니 한두 가지 일로 일희일비-喜-悲하지 말라는 뜻으로 받든다. 어제는 지나버린 과거에 묻어두고 새로운 기쁨과 희망으로 새날을 맞이하라는 교훈으로 새긴다.

존경하는 독자 여러분, 경자년 새해 복 많이 받으시고 하시는 일마다 신의 가호가 함께하길 빕니다.

(뉴스1 2020. 1. 17.)

'팀플 극혐'
'특화생존'을 아시나요?

뉴 트렌드 관악 2020

　　지난해 연말 관악구 소상공인연합회가 개최했던 송년회에 관심을 끄는 특강이 있었다. 트렌드 분석 전문가인 성신여대 이향은 교수가 2020년에 예상되는 사회의 변화들을 짚어주는 강의였다. 구정을 이끄는 책임자로서 세상물정의 변화를 모르면 되겠는가 싶어 강의를 경청했다. 더구나 이향은 교수는 대한민국 청춘 멘토로 유명한 서울대학교 생활과학연구소 소비트렌드 분석센터의 '란도샘' 김난도 교수와 《트렌드 코리아 2020》 책을 함께 쓴 저자이기도 했다.

　　강연 초두에 '어장이 마르기 전에 물고기를 길러야 한다. 현재를 결정하는 것은 과거가 아니라 미래의 변화'라는 말부터 의미 있게 다가왔다. 세태가 변하면 지방행정과 서비스도 그 변화를 고려해야 한다는 말로 들렸기 때문이다. 2020년 경자년 트렌드 변화의 키워드는 〈MIGHTY MICE〉라는 열 글자 영어 단어였다. 우리말로 '강한 생쥐들'이란 뜻인데 각 글자마다 멀티 페르소나(개인의 다양한 정체성), 페어 플레이어(공정의 중시), 초개인화 기술, 오팔세대, 자기를 한 단계 발전시키려는 자기계발 욕구가 강한 '업글인간'Upgrade Person 등 트렌드 변화의 구체적인 열 가지 특징을 담고 있었다.

특히 오팔세대가 흥미로웠는데 오팔OPAL은 'Old People Active Live'로 58년 개띠 중심의 활기찬 은퇴세대를 뜻한다고 했다. 대법관 출신 인기 유튜버 어르신과 스타 패셔니스트이자 모델 김칠두 선생님이 계시는 이 분들의 '활기참'을 어떻게 구정에 반영시켜야 잘했다는 칭찬을 들을 수 있을까 하는 생각부터 먼저 들었다.

관악은 또 청년층 인구 비중이 특별히 높은 곳이라 요즘 청년들은 공정함을 매우 강조한다는 페어 플레이어도 의미가 깊었다. 요즘 청년들은 '팀플극혐'이 특징이라는데 팀이나 조를 짜 과제나 프로젝트를 수행하는 것은 싫어한다는 것이다. 그럴 경우 개인별 능력이 제대로 평가받지 못할 뿐만 아니라 남이 차린 밥상에 숟가락만 얹는 사람이 생기면 공정하지 않기 때문이라는데 마찬가지 이유로 주관식 시험보다 객관식 시험을 선호한다고 한다.

서울시 25개 자치구 중 유일하게 청년정책과와 청년정책보좌관이 있을 만큼 청년들에게 관심을 많이 갖는 입장에서 앞으로 '공정한 정책과 서비스가 매우 중요하겠다'는 생각이 들지 않을 수 없는 대목이었다.

사천시의 삼천포 항에 있다는 영화관을 예로 드는 특화생존Make or Break, Specialize or Die 역시 귀에 쏙 들어왔다. 상영관의 커튼을 열면 대형창문을 통해 다도해의 아름다운 풍광이 펼쳐진다는 것이었다. '바다와 함께 일몰을 감상할 수 있는 세계 유일한 극장'이라 멀리 다른 지역 관객

들까지 많이 찾음으로써 지방도시도 자기만의 자원을 창의적으로 잘만 활용하면 어렵다고 생각되는 정책이나 서비스도 크게 성공할 수 있다는 실례를 들으면서 '심쿵심쿵' 가슴이 설렜다.

'서울의 산소를 책임지는 허파 관악산이 있고, 우수한 인재들의 요람 서울대학교가 있고, 귀주대첩의 영웅 고려 강감찬 장군의 천년 유서 깊은 고향 낙성대가 있고, 사통팔달의 교통 관문인 관악구만의 자원을 잘만 이용하면 반드시 뭔가 큰 성과를 낼 수 있겠다'는 자신감이 솟았다. 결론은 전문가의 트렌드 변화에 대한 특강 듣기를 참 잘했다는 것이다.

(뉴스1 2020. 1. 31.)

어느 초등학생의
구청장 면담 요청

관악구에는 주민과 구청장의 직접소통을 위해 청사 1층에 열린 구청장실인 '관악청'이 있다. 매주 화요일과 목요일 두 차례 주민과의 대화시간이 열리는데 얼마 전 관내 초등학생과 면담 일정이 잡혔다는 보고가 올라왔다. 관악청이 열린 이래 초등학생은 처음이라 대체 무슨 일인가 싶어 살짝 긴장이 됐다. 머릿속은 벌써 어린이 보호구역(스쿨존)의 교통안전, 무상급식, 방과후 활동, 학교시설 개선, 친구들의 따돌림, 도서관이나 독서실 등등 초등학생이 제기할 만한 문제들을 점검하고 있었다.

그러나 초등학교 3학년이 막상 구청장을 찾아온 이유는 전혀 다른데 있었다. 자신이 서울 시내에 있는 모 국립 기념관에 갔는데 그곳에 전시된 고려 강감찬 장군의 기록 중 장군의 출생지가 관악구 낙성대가 아닌 다른 곳으로 돼있어 기념관 측에 얘기해 오류를 바로잡았다며 전

인헌초등학교 조윤주 학생과 함께

후 인증 사진을 내미는 것이었다. 또 이 학생이 가장 존경하는 역사 위인도 강감찬 장군이라고 했다. 생각지 못한 미담에 칭찬을 아끼지 않았지만 한편으로는 이 학생이 속으로 '어른들이 해야 할 일을 초등학생인 제가 해야겠습니까?'라고 꾸짖는 것 같아 민망했다. 참고로 낙성대^{落星臺}

는 강감찬 장군이 태어나시던 날 하늘에서 생가에 별이 떨어졌다는 전설에 따라 붙은 지명이다.

어쨌든 이날 면담은 몹시 기분이 좋았다. 취임 초기부터 강감찬 도시 관악을 알리기 위해 많은 노력을 기울인 결과 귀주대첩 천주년을 기념하는 강감찬축제의 남다른 성황은 물론 남부순환로 낙성대 구간 7.6km가 '강감찬대로'라는 별칭을 얻었고, 지하철 2호선 낙성대역은 '강감찬역'을 함께 쓰도록 결정됐다. 이런 노력 때문인지 이제는 초등학생들도 강감찬 장군께서 자기가 사는 동네에서 태어나셨다는 것을 자랑스럽게 생각하게 됐구나 싶었던 것이다. 초등학생으로부터 '꾸준히 하면 된다'는 훈수를 얻은 날이었다.

한편 올해는 관악문화재단이 생겨 본격적인 활동을 펼치는 첫해다. 평소 지역경제를 살리겠다는 각오로 경제구청장을 표방하지만 품격 있는 도시의 조건은 경제와 문화라는 양 축의 날개로 나는 것이라고 생각한다. 이를 위해 재단 대표부터 공모를 통해 외부 전문가를 영입함으로써 인적 진용을 갖추었다. 이제 문화도시 관악의 정체성을 제대로 잡기 위한 치열한 고민과 활동이 시작된 것이다.

인터넷을 검색하다 보면 관악과 관련해 사람들 입에 오르내리는 명문이 하나 있다. '누군가 조국의 미래를 묻거든 눈을 들어 관악을 보게 하라'는 문장이다. 인재들이 모여 있는 서울대학교와 관련이 있지만 안데르센의 동화가 입혀진 인어공주상 하나가 전세계의 관광객을 불러들이는 덴마크 수도 코펜하겐처럼 시간이 좀 걸리더라도 언젠가는 세계의 관광객이 몰려드는 문화도시 관악의 꿈을 이 문장이 대변하는 날이 꼭 오리라 믿어 의심치 않는다.

지금 관악구는 중국 우한에서 시작된 신종 코로나 바이러스의 확산을 막으려는 정부 정책에 발맞춰 지방정부 수준에서 할 수 있는 총력의 노력을 기울이고 있다. 역사적으로 볼 때 우리는 국가 위기 때마다 전국민이 총화단결로 위기를 극복해왔던 배달의 민족 문화를 가지고 있다. 이번 코로나 바이러스 사태 역시 총화단결의 문화로 무사히 진압할 수 있기를 간절히 기원한다.

(뉴스1 2020. 10. 28.)

기술발전이 어르신들
소외되지 않게 해야

스마트 시티Smart City로 관악을 혁신하라

TV를 볼 시간도 많지 않고 즐겨보는 스타일도 아니라 신세대 젊은 스타 방송인들에 대해 아는 것이 별로 없다. 방송인 김병만도 마찬가지다. 과거에 '달인'이란 개그 코너를 가끔 재미있게 보긴 했지만 김병만에 대해 보다 자세히 알게 된 것은 어느 강연회였다. 그날 초청강사의 강연 주제가 리더십이었는데 강사는 '정글의 법칙과 김병만의 리더십'을 주로 이야기했다.

알려졌다시피 김병만은 남다른 끈기와 노력으로 좌절을 딛고 일어선 늦깎이 방송인으로 유명하다. 김병만의 이름을 세상에 널리 알렸던 장수 개그 코너 '달인'을 한 번이라도 보았던 사람이라면 프로그램의 완성도를 위해 그가 얼마나 피나는 노력을 했었는지 기억할 것이다. 그런 김병만이 리더십의 주인공으로 떠오른 계기는 '정글의 법칙'이라는 프로그램 덕분이었다.

'김병만 족장'이 이끄는 무리(출연진)가 아마존 같은 실제 정글에서 외부의 도움 없이 스스로 생존하는 과정을 담은 이 프로그램의 성공에는 '상생과 공존, 배려'가 몸에 밴 김병만의 리더십이 크게 작용했다는 것이었다. 김병만은 우리가 알고 있는 정글의 법칙인 '약육강식'이 아니라 '네가 살아야 나도 산다'는 공존공생, 상생의 법칙을 중시했다. 지도자로서 군림하는 족장이 아니라 앞장서서 솔선수범하고, 다른 구성원들의 생존을 먼저 챙기는 배려와 희생의 탁월한 리더십을 발휘함으로써 '정글의 법칙'을 정상의 프로그램으로 올려놓았다는 것이었다.

　경제규모가 커지고 사회구성원들의 이해가 복잡해지면서 자본(돈)의 가치와 더불어 공존공생을 위한 사회적 연대의 가치가 힘을 얻고 있다. 자유와 더불어 모든 인간에 대한 존엄의 가치가 강조되고 있다. 이는 강자가 약자를 배려하는 공존공생의 조화로운 공동체만이 영속성을 가질 수 있다는, 지극히 평범한 사회구성의 원리를 깨달은 덕분이다.

　2020년은 예기치 못했던 코로나19 바이러스로 인해 지방정부의 행정력이 전염병 방역에 전력투구, 사력을 다해야 해서 정책의 균형이 흔들리는 것은 어쩔 수 없는 일이다. 특히 '비대면'의 한계를 극복해야 하는 점 때문에 일선 행정의 어려움이 가중되고 있다. 다행히도 그 와중에도 관악구는 '스마트도시팀'을 비롯해 모두 4팀으로 조직된 '스마트정보과'를 신설하는 큰일을 해냈다. 민선 7기 구정을 통해 '4차 산업혁명 기술을 도시문제 해결에 활용해 스마트 도시를 건설하자'는 의지가 강하게 반영된 결과였다.

　지방정부는 공동체의 상생과 발전을 담보하는 사회안전망의 실핏줄 역할을 담당한다. 서울디지털재단 등과 연대해 첨단기술을 도시행정

관악구는 2021년 대한민국 도시대상에서 스마트도시 정책 우수성을 인정받아 특별상을 받았다.

에 속속 도입하는 스마트정보과의 올해 사업내용들을 보면 복지, 안전, 생활편의, 교육 등에서 사회적 약자들을 우선적으로 배려하는 것들이 대부분이다. 물리적으로 한계가 있을 수밖에 없는 사회안전망을 첨단기술로 보강해주는 것이다.

바로 엊그제 요즘 어르신들께서 코로나19 바이러스로 인해 매장에 비대면 키오스크(무인단말기)가 증가하면서 고충을 겪고 있다는 소식이 우리를 안타깝게 했었다. 다행히 스마트 관악이 마침 지난 4월 산업통상자원부가 공모한 '교육 로봇 리쿠LIKU 사업'에 선정돼 어르신들의 핸드폰 사용 등 디지털 격차 줄이기 교육을 해왔던 터라 비대면을 극복하는 키오스크 활용 교육도 신속하게 방법을 찾아야겠다는 생각이 급해졌다. 기술의 발전이 어르신들의 생활을 고통스럽게 해서야 되겠는가.

(뉴스1 2020. 2. 28.)

국가란 무엇인가?

코로나는 대한민국을 이길 수 없다

지난해 관악구 청룡산에서 자생하는 토끼를 어떻게 할 것인지에 대한 정책결정 과정을 이야기하면서 '라이언 일병 구하기' 영화를 잠깐 언급했었다. 2차대전 중 세 아들을 한꺼번에 잃은 어머니에게 마지막 남은 아들 라이언 일병을 적진에서 찾아 집으로 데려오는 작전을 다뤘던 이 영화는 전쟁영화의 백미로 꼽힌다.

존 밀러 대위(톰 행크스 분)가 이끄는 여덟 명의 특공대는 라이언 일병을 구하는 과정에서 대부분 목숨을 잃었다. 한 명의 군인을 구하기 위해 희생되는 다른 여덟 군인의 목숨은 그만한 가치가 없느냐는 반론에 대해 감독이었던 스티븐 스필버그는 "위기에 처한 타인을 구하려는 무모한 행위에 인간의 고귀함이 들어있다"고 했다.

이 문장의 '인간'을 '국가'國家로 바꿔보자. "위기에 처한 국민을 구하려는 무모한 행위에 국가의 고귀함이 들어있다." 여덟 명의 군인은 작게

보면 특공대지만 크게 보면 국가를 대신해, 국가의 일원으로서 한 명의 국민인 라이언을 구하러 죽음을 무릅쓰고 적진 깊숙이 들어갔던 것이다.

6.25 전쟁 중 목숨을 잃은 미군의 유해 송환을 여전히 포기하지 않는 미국의 정책 역시 '국가를 위해 희생한 국민을 국가 역시 끝까지 포기하지 않는다'는 것을 보여주기 위해서다. 그렇지 않으면 누가 국가의 위기 때 기꺼이 개인의 희생을 감내하려 하겠는가. 위기에 처한 나라 밖 국민을 구하기 위해 전세기를 띄우는 것 역시 마찬가지다.

대체 이 국가란 무엇인가? 국가의 3요소는 '영토, 국민, 주권'이라고 한다. 국민 없는 국가는 현실적으로 불가하다. 국민은 국가의 요소이자 국가의 주체다. 국민은 국가를 위해 국방, 세금, 교육, 근로 등의 의무를 수행하고, 국가는 의무를 다하는 국민을 총체적으로 책임져야 한다.

지금 예기치 못했던 코로나19 바이러스에 대한민국이 전면공격을 당하고 있다. 이 바이러스는 좌우 이념, 보수와 진보, 남녀노소, 사는 지역을 구별하지 않는다. 국회의원, 법관, 장관도 구별하지 않는다. 모든 전쟁에서 패배의 지름길은 적 앞에서 분열하는 것이다. 우리가 코로나19를 이기는 길은 단 하나, 어떤 불순한 구별이나 분열 없이 전 국민이 컨트롤 타워를 중심으로 똘똘 뭉쳐 눈에 보이지 않는 바이러스와 대결하는 수밖에 없다.

그런데 우리가, 대한민국이 끝내 코로나19를 이길 것임은 분명하다. 전국에서 대구를 향해 달리는 119 구급차와 구급대원의 결기에 찬 행렬에서 승리가 보인다. "단 한 푼의 대가, 한마디의 칭찬도 바라지 말고 피와 땀과 눈물로 시민을 구하자"는 대구시의사회장의 호소에 전국

의료진 260명이 개인 병원까지 문 닫고 현장으로 달려가는 헌신에서 승리가 보인다. 병상이 부족한 대구경북 확진자들을 전북으로 이송해 치료하게 하라는 전북도의회의 결의와 신속한 후속조치에서 승리가 보인다. 당장 내 지역을 뒤로 하고 마스크와 소독제를 모아 보내는 각 지역의 응원 행렬에서 승리가 보인다.

생업의 타격과 희생에도 묵묵히 바이러스와의 싸움을 응원하고, 자가격리를 감당하는 국민들에게서 승리가 보인다. 자영업자들의 어려움을 헤아려 임대료를 포기해주는 건물주들의 배려에서 승리가 보인다. 오늘도 방진복을 입고, 주사기를 들고, 전단지를 들고, 전화기를 붙잡고, 구급차를 몰며 코로나19와 24시간 연일 사투를 벌이는 방역일선의 의료진과 공무원들에게서 승리가 보인다. 코로나19 바이러스는 결코 대한민국을 이길 수 없다.

(뉴스1 2020. 3. 27.)

'코로나 전쟁'에서
배운 것들

2019년 말 '중국 우한에서 원인 모를 폐렴 환자가 빠르게 늘고 있다. 신종 바이러스 같다'는 소식이 처음 들렸을 때만 해도 코로나19 바이러스 사태가 이렇게까지 크게 번질 거라고는 미처 생각하지 못했다. 그런데 2020년 1월 국내 첫 확진자가 발생하면서 상황이 급변하기 시작했다. 그로부터 두 달이 넘는 현재까지 구청장으로서 보낸 시간들은 정말이지 전쟁이나 다름없다. 아침이면 족히 20년은 보낸 것 같다가도 저녁이면 겨우 이틀 지난 것처럼 정신마저 혼미할 지경이다. 코로나19가 아닌 것에 신경 쓸 여력이 전혀 없다보니 선출직 자치단체장에게 중요한 국회의원 총선마저 있는지도 모르고 지나갈 판국이다.

그동안 코로나19 바이러스 진압 일선에서 뛰면서 돈으로 결코 살 수 없는 깨달음을 많이 얻고 있다. 먼저 지방정부 일선 공무원들에 대한 생각이 많이 바뀌었다. 지방의회 의원으로서 16년 동안 일선 공무원들을 견제, 감시하는 입장이었기에 구청장이 된 후로도 몇몇 편견이 남아있었던 것이 사실이다. 그러나 이번 코로나 대응국면을 거치면서 일선 공무원들의 사명감과 헌신적인 태도에 진심으로 감동했다. 혼란스런 상황에서 약간의 시행착오나 실수가 있었다 해도 전체적으로 주민들의 안전과 생명을 지키려는 그들의 밤낮 없는 노력에는 누가 시켜서는 그렇게 할 수 없는 진정성이 묻어났다.

혹자는 '국뽕'으로 치부할지 모르나 '대한민국의 강한 경쟁력'을 피부로 절감했다. '한국을 배워야 한다'는 유럽 등 소위 선진국 언론들의 쏟아지는 찬사가 아니더라도 소통, 방역, 선별, 치료, 관리, 지원 등 모든 전선에서 코로나19 제압을 위해 정부와 호흡을 맞추는 국민적 단결을 보며 때때로 눈시울이 뜨거워졌다. 솔직하게 밝히는 바, 누구든 앞으로 '주민(국민)에 대한 무한책임의식이 없다면 선출직 공무원은 감히 꿈도 꾸지 말아야 한다'는 것을 이번을 계기로 확실하게 자각했다. 부끄럽고 아직 이르지만 작게나마 보람도 느끼고 있다.

예전에 어느 현역 국회의원을 만났을 때 그가 잠깐 자신의 어머니 이야기를 들려주었다. 그의 집은 가난했는데 어머니는 늘 "언덕은 낮춰 봐도 사람은 낮춰 보지 말라"고 자식들을 훈계하셨다고 했다. 그는 항상 그 말씀을 가슴에 담고 정치에 임하고 있다고 했다. 이번 일을 계기로 주민 한 분 한 분에게까지 모든 신경을 곤두세우면서 문득 그 어머니 말씀의 깊은 뜻을 몸으로 알게 된 것 같다. 아무렇게나 함부로 얻을 수 없는 소득이라고 개인적으로 생각하고 있다.

코로나19 바이러스와의 치열한 사투는 여전히 진행형이다. 절대 방심하거나 자만해서는 안 된다는 것을 엄중한 소명召命으로 인식하고 있

세계적인 영국 공영방송 BBC가 관악구의 성공적인 코로나 방역 사례를 세계 각 나라에 소개했다.

관악구는 전국 최초로 2년 간의 코로나19 대응 노력을 기록한 백서를 발간했다.

다. 진압 속도가 생각보다 느리거나 예측불가의 돌발상황이 생기더라도 절대 지치거나 포기해서는 안 된다는 다짐도 수시로 하고 있다. 나는 우리가 끝내 코로나19를 물리칠 것을 확신한다. 먼 훗날 언젠가 이곳을 떠나 이때를 돌아볼 때 단 일 점의 후회도 남지 않도록 마지막까지 긴장의 끈을 놓지 않을 것이다.

그리고 언젠가 코로나19 바이러스 사태 종식이 선언되면 '관악구 코로나19 바이러스 진압 백서'를 만들어 두겠다(2021년 12월 백서를 출간해 전국에 배포함). 매우 디테일하게 만들 것이다. 후일 그 어떤 위기가 닥치더라도 지방정부가 그 역할을 혼란 없이 수행할 수 있는 매뉴얼이 되도록 할 것이다.

(시민일보 2020. 7. 28.)

K-방역과
장미 한 송이

신종 코로나 바이러스로 인해 전 세계가 극심한 고통을 겪은 지 벌써 반년이 훌쩍 넘었다. 솔직히 코로나19 사태가 막 시작됐을 무렵에는 이렇게 오래도록 우리 사회를 혼돈에 빠지게 할 것으로는 생각하지 못했다. 엎친 데 덮쳐 무더위까지 찾아온 지금까지의 감염병 대처 상황을 보면, 'K-방역'으로 불릴 만큼 한국은 세계를 선도하는 방역 선두국가로서 손색이 없다고 생각한다.

이런 결과는 예기치 못한 온갖 어려움에도, 위기관리와 공동체 의식으로 방역 지침을 잘 준수한 국민, 컨트롤 타워인 중앙정부(질병관리청), 손발이 돼 움직이는 지방정부, 최전선에서 사투를 벌이는 의료진의 일치단결이 없었다면 불가능했을 것이다. 특히 창의적인 정책들을 시행하며 선제적으로 대응한 지방정부의 역할이 이전과 다르게 큰 빛을 발했다.

관악구의 경우 청소 살수차를 급히 방역차로 전환시켰고, 관내 양지병원은 비 접촉 검사를 위해 '워크 스루'를 세계 최초로 개발했다. 지역경제 활성화를 위한 긴급재난지원금의 신속한 지급, 건물주들의 '착한 임대인 운동' 동참 설득, 구내식당 가림막 설치, 저소득층과 고위험 주민에 대한 특별대책 등 방역과 지역경제 활성화를 위한 공무원들의 아이디어가 줄을 이었다.

구청의 모든 행정력과 자원이 방역에 집중되는 상황이지만, 주민 생활에 불편을 끼치지 않도록 일상적인 지방행정과 민원서비스 또한 차질이 없어야 한다. 이에 지금 지방정부 공무원들은 긴장의 끈을 놓지 않고, 생활방역과 일반행정이라는 '두 마리 토끼 잡기'에 애를 쓰고 있다. 그런 사정을 너무 잘 아는 구청장으로서 '고생이 많다'는 격려의 말밖에 더 해 드릴 게 없어 안타까울 뿐이다.

오늘도 각 동 주민센터는 말할 것도 없고, 구 청사에는 민원인의 발길이 끊이지 않는다. 민원인의 편의를 위해 구청 1층에는 주민과 구청장의 소통을 위한 열린 민원실 '관악청'과 여권 및 개인정보와 관련된 서류 등을 발급하는 대민 부서가 있고, 2층에는 세금과 관련된 부서가 위치해있다. 구청을 방문하는 주민 대부분은 1층과 2층에서 업무를 본다.

이곳에서 주민을 맞는 민원창구 공무원들은 코로나19로 인해 이전보다 더욱 각별히 신경을 써야 한다. 비말 차단을 위해 설치된 투명 가림막과 마스크 착용으로 인해 민원처리 시 주민의 불편이 가중되지 않도록 노력하고 있다.

어느 날인가 관내 주민센터를 방문했는데 1층 민원실에서 큰 소리가 나고 있었다. 무슨 일인가 했더니, 민원 접수 차 방문한 한 어르신께

서 귀가 잘 들리지 않아 응대하는 직원이 큰 목소리로 이야기하고 있었다. 어떻게든 최선을 다하려는 직원의 모습이 안쓰러워 보였다. 알아보니 이제 막 공무원 생활을 시작한 신입직원이라고 했다. 순간 나도 모르게 마음이 울컥했다.

2020년 7월 1일은 구청장 취임 2주년이 되는 날이었다. 코로나19가 아니었다면 기념행사가 있었겠지만, 모두 취소하고 구민에게 감사의 마음을 담은 문자메시지만 전하기로 결정했다. 그때 불현듯 주민센터의 그 직원이 생각났다.

코로나19와 민원으로 고생하는 직원들을 위해 '꽃을 든 남자'가 돼보는 것도 뜻 깊겠다 싶었다. 2020년 7월 1일 아침, 보건소 선별진료소를 찾아 무더위 속에 고생하는 의료진에게 빨간 장미 한 송이씩을 선물했다. 구정의 각 분야에서 업무를 충실히 수행하고 있는 구청 전 직원에게도 장미 한 송이씩을 전했다. 1,583송이의 빨간 장미꽃이 코로나19로 지친 몸과 마음을 달래줄 특별한 선물이 되길 바란다.

2

강감찬 도시
관악

상전벽해桑田碧海
뽕나무 밭이 푸른 바다로 변하다

민선 7기 관악구는 서울시 자치구 최초로 청년정책과를 신설했다. '관악 청년청' 건물에 창업지원과 지식산업 기능도 추가할 것이다. 청년들의 주거 불안을 해소하고자 청년주택을 공급하고, 심리적으로 건강하도록 문화교류를 위한 공간 '신림동 쓰리룸'도 마련했다. 서울대의 지역자원과 선진국의 우수한 사례를 결합하여 관악 S밸리를 축으로 창업이 촉진되고 일자리가 창출되는 명실상부한 대학 도시를 모색 중이다. 미국 스탠퍼드 대학의 실리콘밸리처럼 낙성대와 서울대 일대를 연구개발$^{R&D}$ 벤처밸리로 조성해 첨단산업시설과 기업을 관악에 유치할 계획이다. 또 서울대와 신개념 도시재생 모델인 '대학 캠퍼스타운'도 만들고 있다. 창업 클러스터를 조성해 인재들이 관악을 떠나지 않고 일자리를 구하고 창업할 수 있는 환경을 만드는 중이다.

(내일신문 2019. 7. 16.)

혁신·상생 지역경제 동반자, 대학이 중심

대학의 존재가 단순히 지식전달이 아닌 미래지향적·사회적 공동체의 구심점을 향해 가고 있다. 연구·교육 중심의 대학에서 지역·산업과 연계한 클러스터를 이루는 대학으로 변화하고 있다.

우수 인재와 아이디어를 제공하는 대학을 중심으로 지역발전뿐 아니라 주민과의 공동체 형성을 도모해 볼 필요가 있다. 우수한 인재가 모인 대학에 기업이 몰리고 이는 도시의 경제발전으로 이어진다는 것을 선진국들이 보여 주고 있다.

실리콘밸리 성공, 우수한 교육기관과 인재 덕분

제프리 페퍼 미국 스탠퍼드대학 석좌교수는 저서 《사람이 경쟁력이다》에서 실리콘밸리의 성공은 저비용에 기인한 게 아니고 가장 좋은 교육기관과 이곳에 몰려든 인재 덕분이라고 말했다. '독일의 MIT'로 불리는 아헨공대가 있다. 아헨시⊕는 새 기차역을 지으면서 옛 역사를 대학에 제공하는 '대학 중심 도시재건 정책'을 통해 도시와 대학의 상생을 가장 이상적으로 실현하고 있다.

대학의 기술과 젊은 연구자들로부터 성공의 기회를 얻으려는 벤처기업들이 몰려오면서 도시는 대학의 힘을 믿었고, 대학은 혁신적 아이디어로 도시의 생태계를 바꿔 놓은 것이다. 대학은 지역경제를, 지자체는 대학을 상호발전의 파트너로 인식하는 것이다.

대한민국 최고 지성들이 모인 대표적인 상아탑을 품은 서울 관악구를 돌아보자. 침체된 지역경제 활성화를 위한 원동력을 서울대학교와의 관계 속에서 찾는 것이 자연스럽고 효과적일 것이다. 서울대의 풍부한 인적·물적 자원과 동력을 공공재원과 결합하여 지역사회를 아우르는 지속 가능한 기반을 마련하고 청년활동의 거점을 조성해 도시의 활력을 증진시켜야 한다.

서울대학교가 대학로에서 관악구로 옮긴 지 40여 년이 지났지만 우수한 자원을 지역과 연계하여 제대로 활용하지 못했다. 학생들이 졸업한 뒤 지역에서 취업 주거 등 삶의 터전을 마련하지 못하고 지역에 기여하는 일이 드물다는 것도 매우 안타까운 일이다.

혁신과 상생의 지역경제 도약을 위해서는 우수 인력이 모일 수 있는 연구·창업단지 조성이 절실하다. 관악구는 산업기반이 약하고 기업유인 요소가 턱없이 부족하다. 지역 내 벤처기업 수는 서울시 전체의 1.4%로 자치구별 평균에 미치지 못하는 실정이다.

관악구는 서울대와 협력해 추진한 관악S밸리(낙성벤처밸리+신림창업밸리)의 성과를 인정받아 2021 대한민국 지방자치 혁신대상을 수상했다.

　　민선 7기 관악구는 서울대학교 후문 낙성대 일대를 연구개발 중심 벤처밸리로 조성하기 위해 전문성을 갖춘 전담반을 구성하고 중·장기계획을 마련할 계획이다. 낙성대와 서울대 인근 공원 대체부지 활용방안을 검토하고 용도지역 상향조정을 위한 지구단위계획 재정비도 병행할 구상이다. 학생들이 졸업 후 떠나는 것이 아니라 지역에 머물면서 일하고 창업하는 환경을 열어줄 것이다. 훌륭한 인재를 키워내는 '대학', 준비된 이들을 고용하는 '기업', 인프라구축과 세제혜택을 지원하는 산·학·관 협력을 통해 지역경제 활성화와 청년 창업의 장을 도모하는 새로운 모델이 될 것이다.

대학 중심 창업생태계, 혁신기술 일자리로 돌아와

또한 대학캠퍼스타운을 조성해 서울대의 수준 높은 인프라를 바탕으로 청년 창업 클러스터 공간을 마련하고 대학 주변의 빈 곳을 소규모 창의·주거 공간으로 탈바꿈할 계획이다. 올해 하반기 전담조직을 구성하고 서울대와 협의, 서울시 공모사업에 선정되면 2020년부터 종합 실행계획이 본격 궤도에 오를 것이다. 지역 상인과 청년 기업인이 상생할 수 있는 다양한 콘텐츠 개발도 구상 중이다.(2019. 12. 서울시 캠퍼스타운 종합형 조성사업 선정)

지역은 대학을 중심으로 발전 정책을 입안하고, 대학은 지역의 산업 인프라 구축에 기여해 인재 양성과 경제 발전을 주도해야 한다. 이제 대학은 교육의 혁신과 함께 외적으로는 사회적·경제적 가치를 창출해내는 지역경제 혁신의 중심인 것이다.

(서울신문 2018. 8. 13.)

청년이
꿈을 이루는 도시, 관악

국가의 성장 동력이자 미래의 주역인 청년들이 빛을 잃어가고 있다. 청년실업, 주거문제 등 각종 문제가 청년들을 불행으로 몰아넣고 있다. 연애, 결혼, 출산 포기를 넘어 포기의 수를 셀 수 없다는 뜻의 'N포 세대'라는 신조어까지 등장했다.

청년이 떠안은 문제는 청년세대와 지역에만 국한된 문제가 아니다. 나라의 성장뿐만 아니라 존속과도 연결된 중요한 문제이다. 청년문제 해결은 지역과 대학, 기업 간 협력 속에서 답을 모색해야 한다.

관악구는 청년 인구 비율이 39.5%에 달하는 전국 1위, 자타공인 청년 도시이다. 또한 대한민국 최고의 지성인이 결집되어 있는 서울대가 있다. 그러나 그동안 우수한 청년들을 육성할 정책과 청년 활동을 위한 공간이 부족했던 것이 사실이다. 서울대의 인적 자원이 졸업 후 관악을 떠나는 것도 관악의 청년 일자리와 주거시설 인프라가 충분하지 못함

을 방증한다.

　민선 7기 관악구는 2018년 8월 2일 청년정책팀, 청년지원팀을 신설하고 지역과 대학, 기업 간의 유기적인 협력 업무를 추진할 준비를 마쳤다.

　무엇보다 서울대의 지역자원과 선진국의 우수한 사례를 결합하여 창업이 촉진되고 일자리가 창출되는 명실상부한 대학 도시를 모색해 볼 수 있다. 미국 스탠퍼드 대학의 실리콘밸리처럼 낙성대 일대를 연구개발R&D 벤처밸리로 조성해 첨단산업시설과 기업을 관악에 유치할 계획이다.

　서울대와 함께 신개념 도시재생 모델인 '대학 캠퍼스타운'도 만들 것이다(2021년 말 현재 서울대학교 캠퍼스타운 조성사업이 순조롭게 추진 중). 창업 클러스터를 조성해 인재들이 관악을 떠나지 않고 일자리를 구하고 창업할 수 있는 환경을 만들어줄 것이다.

인재를 키워내는 '대학'과, 준비된 이들을 고용하는 '기업', 그리고 청년의 활동을 종합적으로 지원하는 '지자체'가 유기적으로 협력한다면, 분명 청년이 머무르고 싶은 도시 관악이 될 것이다.

(아시아투데이 2018. 8. 21.)

세상을 바꾸는
또 다른 이름 '협치'

요사이 협치, 포용, 소통이라는 단어가 눈길을 끈다. 민선 7기 출범과 함께 각 지방정부에서 혁신과 협치의 소통 행정을 강조한다. 가히 민선 7기를 아우르는 핵심 키워드라고 봐도 무방할 듯싶다. 협치란 말 그대로 '힘을 합쳐 잘 다스려 나간다'는 뜻으로 민과 관이 함께 구정을 펼쳐나가는 것을 뜻한다.

최근 행정의 패러다임도 통치統治에서 관치官治를 넘어 협치 행정으로 발전해왔다. 권위주의 방식의 통치와 관료 위주의 관치는 시대 흐름을 역행하며 도시 경쟁력 약화로 이어질 것이다. 풀뿌리 민주주의를 기반으로 하는 지방자치제도에서 협치는 어찌 보면 당연한 얘기인데 실행이 어렵다.

"그런데 왜 '협치'를 해야 할까. 우리 사회는 이미 매우 복잡하여 행정기관의 역량만으로는 도시에서 발생하는 고령화, 실업, 도시쇠퇴 등 복잡한 문제를 해결하기 어렵다. 주민의 욕구는 날로 높아지고 사회문제는 다원화되어가고 있다. 더 이상 복잡하고 다양한 문제 해결을 어느 한 주체에만 의지하고 책임지울 수는 없는 것이다. 행정기관은 손을 뻗쳐야 할 단위가 넓은 만큼 주민이 살아가는 세세한 현장을 돌보기 힘들다. 지역 곳곳에 녹아든 사회 문제를 해결하기 위해서는 현장에 스며들어 있는 주민과 손을 잡아야 한다.

민선 7기 관악구 구정운영의 핵심가치를 '포용과 협치'로 정했다. 그동안 다양한 민관협력 노력에도 불구하고 민간의 참여는 아직 초기 단계에 머무르는 것 같다. 구 행정 대부분의 정책과 사업에 민간의 의견을 수용하는 프로세스가 마련되어 있지만, 주민의 역할은 아직까지 '들러리'가 아닌가 하는 생각이 든다. 협치가 단순히 시대적 흐름에 맞추어 '구색 갖추기'용에 그치지 않으려면 획기적인 제도 개선과 시스템을 마련해 실질적인 민간 참여를 보장해야 한다.

제도 개선의 첫 걸음은 주민이 주축이 되어 구정의 정책 방향을 설정하고 지역 문제를 해결해나가는 민관협치형 열린 위원회부터 시작되어야 한다. 이를 위해, 우리 구는 지역주민, 지역발전 전문가, 시민단체, 서울대학교 교수진, 공무원 등으로 구성된 '더불어 으뜸관악 혁신협치위원회'를 구청장 직속으로 설치할 계획이다. 주민이 구정 의제를 발굴하고 주요 정책결정 전반의 과정에 참여할 수 있도록 일종의 메커니즘을 구축해 주민주권을 실현해 나갈 것이다.

스마트폰 3천만 시대에 맞게 주민의 구정 참여가 온라인에서도 활성화될 수 있도록 '365 직접민주주의' 온라인플랫폼을 구축할 계획이다. 제안된 정책은 일정기간 동안 주민의 의견을 청취하는 절차를 거쳐,

'더불어 으뜸관악 혁신협치위원회'에 상정되며 최종 정책 실행여부가 결정된다. 이해관계가 첨예한 사안에 대하여는 전자투표 기능까지 운영할 계획이다. 내가 제안한 정책의 일련의 과정이 플랫폼을 통해 공개되니 주민의 행정 참여 체감도가 높아질 수밖에 없다.(2019. 7. '온라인 관악청' 오픈)

또한, 주민이 언제든지 편안한 분위기에서 구청장을 만날 수 있도록 2018년 10월, 기존 5층에 있던 구청장실을 1층으로 내려 '혁신 관악청'을 신설한다. 평상시에는 카페 형태로 운영돼 주민 누구나가 쉽게 드나들며 현안을 논의하는 소통 공간이 될 것이다. 또한, 장기민원, 주민

간의 이해관계 조정이 필요한 민원에 대하여는 머리를 맞대고 토론할 수 있는 공론장 역할을 할 것이다. 지역주민이 이끌어가는 공론장에서 이뤄지는 자유로운 아이디어 개진과 토론은 궁극적으로 지역의 문제해결 수준을 한층 높일 것이다.

협치는 이제 피할 수 없는 시대적 요청이다. 지방자치의 성패를 가름하는 게 주민참여라고 단언할 수 있다. 오랜 시간 관 주도로 이끌어온 행정에 주민이 참여하고 이들과 동행하는 것이 쉬운 일은 아닐 것이다. 그러나 소통 부재의 일방향 정책은 주민의 공감을 얻지 못하고 후퇴할 것이다. 정책수혜자가 정책입안자가 될 수 있는 시대, 민선 7기 관악구는 소통과 공감의 협치 행정으로 혁신을 선도할 것이다.

(문화일보 2018. 9. 21.)

몰카 없는 사회,
안전하게 살 권리

사생활을 침범 받지 않을 권리는 누구에게나 있다. 누군가 내 집에 몰래카메라를 설치한 후 지켜보는 것을 상상하면 어떠한가. '관음'이라는 어긋난 욕구가 사적인 공간에 침투한 것을 알았을 때 느끼는 공포는 상상을 초월한다.

최근 지하철, 화장실, 탈의실 등에서 빈번하게 발생하는 불법 촬영이 심각한 사회적 문제로 떠올랐다.

불법 촬영 범죄는 하루 평균 17.7건 발생하고 피해자 10명 중 8명은 여성이라고 한다. 일상용품이 된 초소형카메라를 악용해 범행 수법도 계속 진화하고 있다. 인터넷을 통해 무분별하게 퍼지는 불법 촬영물이 한 개인에겐 회복할 수 없는 피해를 주고 죄의식 없이 영상을 소비하는 2차 가해자까지 양산하고 있다.

관악구에는 1인 가구가 많다. 통계청 인구 총조사에 따르면, 관악

관악구민체육센터 여자 샤워장 몰카 점검

구 전체 인구 중 홀로 거주하는 젊은 여성의 비율은 35.6%로 서울 25
개 자치구 중 가장 높다. 고시원, 원룸 등 범죄에 노출되기 쉬운 시설 또
한 많아 현장에서 만난 여성 주민들은 하나같이 불안함을 호소했다. 개
인이 조심하는 것만으로 해결할 수 없다고 봤다.

　　관악구는 지난 12일부터 '불법 촬영 걱정 없는 지역 만들기' 프로
젝트를 본격 시작했다. 먼저, 공중화장실을 안심하고 이용할 수 있도록
상시 점검체계 구축에 나섰다. 지역 사정에 밝은 주민과 여성 단체 회
원, 마을활동가 등으로 구성된 '우리 동네 여성안전 주민감시단' 200명
과 구청, 경찰이 함께 월 1회 이상 화장실을 정밀 검사하기로 했다. 개
인 주택, 자취방 등에 대한 점검을 희망하는 주민은 출장점검 서비스를

신청하면 된다.

또, 여성안심보안관들이 전자파탐지기와 적외선탐지기를 가지고 주 1회 이상 화장실·탈의실·샤워실 등 지역 내 다중 이용시설을 살핀다. 이용자 불안을 유발하는 공중화장실 내 흠집, 나사 구멍 등은 구청이 직접 보수해 범죄 악용 가능성을 차단하고 있다.

원하는 주민은 불법 촬영 탐지 장비를 인근 동 주민센터에서 저렴하게 빌릴 수도 있다.

장비를 원하는 여성이 증가한 데 따른 것으로 전국 최초의 시도다. 관악구 주민은 가까운 동 주민센터에서 신청하면, 300원의 대여료를 내고 장비를 빌릴 수 있다. 장비 사용법을 영상을 통해 안내하기 때문에 작동 미숙에 대한 걱정은 하지 않아도 된다.

행정의 개입이 만능은 아니다. 먼저, 여성을 상품화하려는 잘못된 인식이 변해야 하고 사회 구성원 모두가 불법 촬영 예방을 위한 활동에 적극적으로 참여해야 한다.

우리는 모두 세상을 안전하게 살아갈 권리가 있다. 안전하게 살 권리는 어떠한 명분으로도 침해당하면 안 된다.

(헤럴드경제 2018. 10. 16.)

우문현답,
현장이 답이다

    하인리히 법칙. 대형 재해가 발생하기 전에는 29번의 작은 재해, 300번의 사소한 사고와 징후가 반드시 존재한다. 최근 서울에서 흙막이 주변 붕괴사고가 잇달았다. 사고의 징후가 나타났을 때, 단 한 사람이라도 바로 현장에 달려가서 문제점을 확인했다면 대형 사고를 막을 수 있지 않았을까.

    다산 정약용 선생이 '목민심서'를 저술한 지 200주년이 되는 해다. 실사구시 정신을 담은 목민심서는 정치가, 공무원에게 여전히 필독서다. 실사구시는 눈으로 보고 귀로 듣고 손으로 직접 만져보며 현장에서 체득한 사실에 입각하여 해법을 찾는다는 의미도 담고 있다.

    지방행정에서 현장중심의 실사구시적 접근은 선택이 아닌 필수다. 주민과 직접 대면·대화하여 의견을 수렴하는 일은 최일선 파수꾼인 지방행정가의 본연의 임무인 것이다.

구청장으로 취임한지 2주 남짓 됐을 때였다. 지역 주민들이 좁은 골목길을 넓혀달라고 구청장실을 찾아왔다. 도로 한쪽이 산이 접한 공원용지여서 대체부지나 100억 원 이상인 토지보상 문제로 30년간 해결하지 못한 민원이었다. 바로 현장에 가보았다.

현장을 꼼꼼히 확인해보니 지적선을 따라 옹벽을 재설치하면 도로 폭을 어느 정도 넓힐 수 있다는 것을 알게 됐다. 현장에 가보면 새로운 것을 분명히 찾을수 있다. 민생현장을 먼저 살펴야 하는 이유다.

구정 운영에 있어 '우리의 문제는 현장에 답이 있다'는 '우문현답'을 최우선시한다. 30여 년 정치생활 내내 발로 뛰어보니 해답은 늘 현장에 있었기 때문이다. 주민 삶 속에 답이 있다.

'현장중심 소통 구정'은 민선 7기 관악구의 모토다. 민원이 발생하면 먼저 주민의 말을 경청하고 현장을 방문해 사실을 확인한다.

요즘은 전체 동을 돌면서 생활불편 사항을 듣고 해결방안도 주민과 함께 모색하는 중이다. 전국 지자체의 공통 현안인 쓰레기 문제 역시 현장에서 답을 찾고 있다. 아침마다 빗자루를 들고 골목길을 청소하며 쓰레기 문제를 살핀다. 전시행정이나 일회성 행사가 아니다. 매월 사례발표, 토론 등을 이어가며 주민 자율청소 문화를 확산시킬 구상이다.

현장행정의 시작은 소통이다. 관악구는 현장중심, 주민소통이 상시 가능하도록 '관악청'을 조성한다. 여기서 청자는 '관청 청廳'이 아니라 '들을 청聽'이다. 구청 1층 카페 형태의 구청장실에서 주 1~2일 집무를 보며 현안을 듣고 주민과 소통하려 한다. 유리벽과 대형 원탁테이블로 꾸며진 열린 회의공간도 마련된다. 가장 먼저 완성되는 '제1호 공약사업'이자 '전국 최초'의 시도다.(2018. 11. 열린 구청장실 '관악청' 오픈)

세상이 빠르게 변하고 있다. 컴퓨터나 스마트폰 하나로 자리에 앉아서 모든 일을 처리할 수 있는 시대다. 그러나 제아무리 최첨단 기계일지라도 민생의 치열한 삶의 현장을 다 읽어 낼 수 있을까. 딱딱하고 차가운 금속 덩어리가 가가호호 직접 뛰는 발품을 대신할 수는 없을 것이다.

상의하달, 이론중심이 아닌 현장의 목소리가 반영된 실질적 정책은 시대적 요구다. 조선시대 현장중심의 실사구시 정신을 다시 한 번 되새겨 봐야 할 때다.

(아주경제 2019. 2. 12.)

단돈 1원이라도
소상공인에게 도움이 된다면

소상공인 생존 위기시대 희망의 싹 기대

최저임금 인상, 대기업의 골목상권 침투, 급격한 임대료 상승으로 삼중고를 맞은 소상공인의 시름이 어느 때보다도 깊다. 소비심리 위축으로 내수경기가 침체를 맞으면서, 장기간 지속되는 소상공인의 경영 악화가 생활고까지 이어지니 문제가 심각하다. 통계청에 따르면, 2018년 폐업건수는 100만 건을 넘어선 것으로 추산된다. 전년도 90만 8,000건에 비해 약 10% 증가한 수치다. 가히 '소상공인 생존 위기시대'인 것이다.

관악구는 종업원 수 4명 이하의 영세업체가 전체 사업체의 84%를 차지할 정도로 소상공인이 지역경제의 주축을 이루고 있다. 나라의 경제를 신체에 비유하자면, 피가 원활하게 돌아가는 대동맥이 대기업이고 소상공인의 골목상권은 신체 마디마디에 뻗어 있는 모세혈관이라 할 수 있다. 혈액이 대동맥을 거쳐 모세혈관까지 구석구석 돌아야 심장이 뛰고 신체가 건강하듯, 경제의 순환도 대기업을 거쳐 중소기업·소상공인에게까지 닿는 과정이 원활하게 이뤄져야 경제구조가 탄탄해지고 안정화될 것이다.

구청장이 되기 전부터 지역의 소상공인들을 만날 때면 '골목상권을 살려달라'는 말을 하나같이 꺼냈다. 어떻게 하면 막혀 있는 모세혈관을 시의적절하게 뚫어 소상공인의 삼중고를 덜어줄 수 있을지 고민이 머릿속을 떠나지 않았다.

'집사광익'集思廣益, 여러 사람의 뜻과 지혜를 모으면 더 큰 효과와 이로움을 얻을 수 있다. 지역경제를 살리는 일에도 결국은 상생과 협력, 협치를 빼놓고 생각할 수가 없었다. 구청의 행정력과 지역금융기관의 재정력, 지역주민의 자발적인 참여가 연대를 이뤄 유기적인 공조가 이뤄진다면 골목상권이 꿈틀대고 지역경제도 살아나지 않을까.

관악구는 민선 7기 최우선 과제인 '지역경제 살리기'에 확실한 성과를 내고자 2018년 11월, 공공시설(단체)과 지역금융(새마을금고·신협), 소상공인 간 '경제 활성화 분야 협약'을 체결했다. 구는 재정을 투입해 지역금융을 지원하고, 지역금융은 소상공인에게 융자금 이율을 낮춰 소상공인을 육성·지원하는 상생전략을 택한 것이다. 동 주민센터, 어린이집 등 구에서 공공자금을 지원받는 265개 기관이 지역은행에 계좌를 개설함은 물론, 1,400명의 관악구 공무원들도 솔선수범해 '1인 1계좌 만들기'에 동참해 지역경제 활성화에 큰 바람을 일으키고 있다.

2018년 12월에는 구와 우리은행·서울신용보증재단 간 '관악구 중소기업·소상공인 금융지원 업무협약'을 맺어, 담보력이 부족한 소상공

관악구는 행정안전부 주관 2021년 골목경제 지원사업 우수사례 발표대회에서 서울시 자치구 중 유일하게 최우수상을 수상했다.

인의 금융권 이용 문턱을 낮추고 자금융통에 숨통을 틔워주고 있다. 구와 우리은행은 각각 3억 원과 1억 원을 출연하고, 신용보증재단은 모두 45억 원 한도에서 관악구 소재 소상공인 업체의 신용보증을 지원하고 있다. 또한 2019년부터는 중소기업 육성기금 지원 규모를 지난해보다 2억 원 늘려 총 20억 원의 기금을 연 1.5% 저금리로 지원한다.

관악구는 사회문제로 급부상한 '젠트리피케이션' 현상 방지에도 노력하고 있다. 2018년 11월 한국공인중개사협회 관악구지회와 '젠트리피케이션 이해와 방지를 위한 협약'을 체결했다. 개업 공인중개사를 중심으로 건물주가 상가 임대료 및 권리금 상승 담합행위를 못하도록 분위기를 조성해 소상공인을 보호하고 젠트리피케이션 발생 예상 지역을 집

중 관리함으로써 안심상권 조성에 앞장서고 있는 것이다.

단돈 1원이라도 소상공인에게 도움이 된다면 어떤 일이라도 펼쳐나갈 것이다. 지역의 모든 공공기관, 지역상공회, 소상공회, 개업공인중개사와 주민이 자발적으로 만들어가는 상생과 협력의 행보는 소상공인의 상권과 삶의 터전을 보호하는 데 큰 도움이 될 것이다.

2019년 기해년 새해가 밝았다. 황금돼지의 기운을 받아 넘어졌던 사람도 다시 한 번 재도약할 수 있는 희망의 싹이 돋아나길 기대해본다. 지역의 여러 주체가 주인의식을 갖고 펼쳐나가는 세심한 정책과 지원이 소상공인 얼굴에 시름을 걷게 하고 희망과 웃음의 꽃이 피어나게 하기를 소망한다.

(서울신문 2019. 3. 10.)

도시 농부,
건강한 공동체를 일군다

현대인들에게 녹지 공간은 답답한 일상의 돌파구가 돼 준다. 아이와 함께 손에 흙을 묻히며 길러낸 농작물은 결실의 기쁨과 성취감을 안겨 준다. 가족이 함께 싹 틔우고 열매 맺는 생명체를 돌보며 소통도 활발해진다.

서울시 관악구에는 약 5만 명의 인구가 도시농업에 참여하고 있다. 구민 10명 중 1명이 텃밭을 가꾸는 '도시농부'인 셈이다. 버려진 땅, 여유 공간 등을 샅샅이 찾아서 조성한 도시텃밭은 총 70곳, 약 2만 8,000㎡ 규모에 이른다. 서울에서 단일 면적으로는 최대인 강감찬 텃밭(1만 3,760㎡)과 낙성대 텃밭, 서림동 텃밭 등 친환경 도시텃밭은 관악의 자산이다. 도시텃밭은 매년 3월 공개 분양해 파종부터 수확까지 농사의 모든 과정을 체험하도록 했다. 수확물의 일부는 김장을 담가 취약계층에게 기부하니, 이웃과 정을 나누는 값진 경험은 덤으로 따라온다.

　삼성동 관악산 도시자연공원 내 약 1만 5,000㎡ 부지에는 '더불어 도시농업공원'을 조성 중이다. 79억 원을 투입해 2018년 11월 1단계로 양봉체험원, 약초원, 습지원 등을 마련했다. 2단계 공사까지 준공되면 논밭 경작체험원, 허브원, 치유의 숲 등을 갖춘 서울시 최대의 친환경 도시농업공원이 탄생한다.(2019. 10. 관악도시농업공원 준공)

　관악구에는 서울대 공대와 함께 세계 최초로 나노기술을 적용한 '리얼스마트팜'(관악도시농업연구소)도 있다. 마이크로센서를 식물에 꽂아 식물의 생육 정보와 환경 정보 등을 실시간, 원격으로 측정해 최적의 생육 환경에서 작물을 길러낸다. 재배한 토마토는 관악푸드마켓을 통해 소외된 이웃에게도 건네져 '똑똑한 나눔'을 실현하고 있다.

　2019년 5월 16~19일에는 '제8회 서울 도시농업박람회'가 낙성대공

원에서 열린다. 서울시와 관악구가 공동 주관하는 이번 박람회는 '도시농업과 건강'을 주제로 도시농업 정책 전시관, 체험관, 국제콘퍼런스, 부대행사 등 다양한 프로그램을 펼친다.

싱그러운 봄, 관악구가 선물하는 녹색 자연공간에서 결실의 기쁨을 누리며 잊고 살았던 자신의 행복과 만족에 대해 되돌아보는 건 어떨까? 관악 도시농업의 저변이 지역 곳곳에 확산돼 걸음마를 뗀 꼬마농부부터 어르신농부까지 도시농업으로 함께 소통하는 건강한 공동체가 피어나길 기대해 본다.

(문화일보 2019. 7. 5.)

1인 가구도
살기 좋은 도시 만들 때

올해 우리나라 전체 가구에서 1인 가구가 차지하는 비중이 30%에 육박할 것이라고 한다. 청년들의 결혼관 변화, 경제문제로 인한 가족해체, 고령화 등 전통적인 가족 형태의 변화를 이끄는 요인들이 많아지면서 1인 가구의 증가는 피할 수 없는 시대적인 흐름이 됐다.

그러나 화려한 싱글 라이프를 즐기는 1인 가구는 빙산의 일각일 뿐, 현실적으로 많은 1인 가구는 경제적 어려움과 정서적 고립감, 범죄 등 여러 사회문제에 노출되어 있다. 최근에는 사회적으로 큰 이슈가 된, 혼자 사는 여성을 표적으로 한 범죄가 잇따르면서 대책 마련에 대한 목소리도 점점 커지고 있다. 필자 역시 많은 1인 가구가 당면하고 있는 문제 해결을 위한 지역 안전망 확충의 필요성에 대해 절감하는 바다.

관악구는 전체 가구 중 1인 가구가 차지하는 비율이 약 53%로, 서울시 자치구 중 가장 높다. 그만큼 보호와 지원을 필요로 하는 주민이 많다는 뜻이기도 하다. 먼저, 사회적 고립가구 안전망 확충을 위한 조례 제정 등 제도적 기반을 갖추고, 가구 특성에 따른 맞춤형 지원을 위해 1인 주거 취약가구 실태조사에 들어갔다.

고독사 위험이 큰 1인 가구를 위한 반려식물 나눔, 남성 1인 가구를 위한 요리교실 '요섹남' 등 이웃과의 건강한 관계망을 형성하는 이색적인 프로그램을 운영해 자립 의지를 높이고, 맞춤형 복지지원을 통해 경제적 문제와 사회관계망 부족 등의 문제를 해결했다. 현재 여성 1인 가구 실태조사도 진행 중이며, 올해 하반기에는 지하방, 옥탑방, 고시원 등에 거주하는 1인 가구 발굴에도 주력해 생활 안정에 큰 보탬을 줄 계획이다.

우리 구는 청년 인구비율도 39.5%로 전국에서 가장 높다. 2021년에는 서울대입구역 인근에 201가구 규모의 청년 주택이 마련될 수 있도록 서울시와 함께 노력하고 있다.

좁은 골목길에 있는 다세대·다가구 밀집 지역에는 조명이 이상 행동(음성)을 감지하면 보행자에게 위험 신호를 보내는 스마트 안전조명을 기반으로 한 범죄예방시스템을 구축할 계획이다. 올해 하반기부터 본격적으로 사업을 추진해 혼자 거주하는 여성 등 많은 1인 가구가 느끼는 범죄 불안을 덜고, 원룸 등 취약 지역 범죄 예방에도 큰 효과를 낼 것으로 기대한다.

혼자 살기로 한 청년들, 결혼생활을 정리한 중·장년층, 배우자를 떠나보낸 노년층 등 1인 가구가 된 이유는 각양각색이다. 관악구는 자발적이든 비자발적이든 1인 가구가 된 모든 구민을 따뜻하게 품어 이들

이 사회라는 지지체계 안에서 안전하고 행복한 삶을 누릴 수 있도록 든
든한 울타리가 되어줄 것이다.

(아주경제 2019. 8. 8.)

강감찬 장군의
역사를 품은 도시로

언뜻 보기에는 비슷해 보이는 옷·가방·자동차·휴대폰까지, 브랜드에 따라 소비자가 지불하는 비용은 천차만별이다. 높은 가격에도 불구하고 특정 브랜드의 상품을 구매하는 것은 차별화된 가치를 얻기 위해서다. 다른 것과 비교되는 가치로 소비자를 끌어들이는 것, 상품에 특별한 경쟁력을 담아내는 것이 바로 브랜드 전략이다.

글로벌 시대에 세계 주요도시들은 사람들에게 긍정적인 이미지를 심어주고 지속가능한 도시 브랜드의 개념을 입히는 추세다. 도시 브랜드는 새로운 가치 창출과 지역만의 정체성을 각인시키고 지역 주민에게는 자긍심을 갖게 한다. 도시 브랜드에서 특히 중요한 것은 '스토리'다. 도시는 하루아침에 만들어진 것이 아니라 유구한 세월 속에서 살아온 사람들의 순간순간이 모아진 역사의 공간이기 때문이다.

관악구는 2008년 봉천동, 신림동이라고 불리던 동 명칭을 낙성대동, 인헌동, 서원동 등 역사와 스토리를 담은 새로운 행정동명으로 변경했다. 이는 낙후한 달동네 이미지를 벗기 위해 도시 브랜딩을 한 첫 시도였다.

민선 7기 관악구는 차별화된 매력으로 관악구만의 도시 브랜드를 구축하고 있다. 1019년 거란의 10만 대군을 무찌르고 귀주대첩을 승전으로 이끈 고려 명장 강감찬 장군이 그 주인공이다.

관악구는 강감찬 장군이 태어나 성장한 고장으로, 큰 별이 떨어지고 그 자리에서 장군이 태어났다는 낙성대를 비롯해 장군에 대한 이야기가 많은 지역이다. 강감찬 장군의 영정이 모셔져 있는 안국사, 송도를 왕래할 때 자주 들렀다는 서원정(정자)이 있던 서원동, 장군의 시호와 어린 시절 이름을 딴 인헌동, 은천동 등 장군의 숨결을 곳곳에서 느낄 수 있다.

특히 올해는 귀주대첩 승전 1,000주년을 맞이하는 해이기에 더욱 뜻 깊다. 이를 기념해 2019년 6월 20일 남부순환로 시흥IC에서 사당IC까지 관악구를 지나는 구간(7.6km)을 '강감찬대로'라고 명명하고 명예도로로 지정했다. 남부순환로는 관악구를 대표하는 도로이지만 강서, 구로, 서초 등 여러 지역에 걸쳐 있기 때문이다. 앞으로 명예도로판을 설치하고 장군의 동상도 세워 특별한 도로로 만들 구상이다.

올 10월 17일부터 19일까지 사흘간 낙성대공원에서 열리는 '2019 관악 강감찬축제'는 강감찬 도시를 만들기 위한 프로젝트 중 하나다. 축제장에는 마치 타임머신을 타고 과거로 돌아간 듯 작은 고려마을이 꾸며지고, 거리 곳곳에서는 전승행렬 퍼레이드가 펼쳐진다. 1,000주년을 기념해 1,000명의 주민 축제추진위원과 함께 서울시를 넘어서 대한민국

을 대표하는 문화관광축제로 개최할 것이다.

　　얼마 전 본격적으로 강감찬 장군을 도시 브랜드로 구축하고 이를 구정과 연계, 정책으로 개발하기 위한 연구용역에 착수했다. 강감찬 장군을 특화하고 이를 통해 지역의 문화관광 산업을 발전시키기 위해서다. 유물·유적 발굴, 생가터 복원, 관광코스 개발, 투어열차 운영 등 역사 관광자원 개발 방안을 다각도로 분석 중이다. 귀주대첩 승전지인 평안북도 구성시와의 남북교류 방안도 찾고 있다.

　　필자 역시 강감찬 장군 알리기에 나서고 있다. 장군의 함자로 민선 7기 비전과 핵심가치를 담은 삼행시를 지어 언제 어디서든 '관악의 강감찬 구청장'이라고 인사드린다. 이는 강한 경제를 구축하고 감동을 주는 행정을 통해 찬란한 문화를 꽃 피우는 더불어 으뜸 관악공동체를 반드시 실현시키겠다는 뜻이다.

　도시 브랜드는 지역에 대한 구민의 자긍심을 높여 준다. 그뿐만 아니라 외부 관광객을 끌어들여 지역경제 활성화에도 큰 보탬이 될 것이다. 역사와 문화가 더해져 지역경제에 새로운 활력을 불어넣는 것. 역사 문화가 살아 숨 쉬는 강감찬 장군의 도시! 민선 7기 관악구가 추구하는 도시 브랜드다. 전 세계 각지에서 많은 사람들이 대한민국 강감찬 도시 관악구를 최고의 여행지로 꼽는 그날을 기대해본다.

(내일신문 2019. 10. 7.)

맑은 물과
문화가 흐르는
도심 하천

프랑스 파리의 센강, 영국 런던의 템즈강……. 세계 주요 관광도시에는 도심을 가로질러 흐르는, 유구한 역사를 자랑하는 하천이 있다. 아름다운 생태계가 보전되어 있으면서도 지역 자원을 활용한 문화가 연계돼있는 세계적 관광명소들이다.

세계인들이 사랑하는 이 아름다운 강들도 지금 모습을 갖추기까지 저마다 고진감래의 세월을 겪었다. 오랜 역사 속에서 한때는 산업혁명과 인구급증으로 각종 산업폐수와 생활하수가 하천으로 방류돼 심각한 생태계 훼손과 환경오염을 겪었다.

각 나라는 오염된 강이라는 오명을 벗기 위해 짧게는 수십 년에서 길게는 수백 년 가까이 상수원 관리와 환경정화 운동에 힘썼다. 차츰 생태성이 회복된 하천에는 사라졌던 어류가 되돌아오고 인간과 자연이 조화를 이루는 모습을 되찾게 됐다.

생태복원에서 경제활력 증진까지 통합적 접근

생태계 복원에 힘쓴 세계는 이제 하천 본래 기능을 유지하는 치수라는 단일목적에서 나아가 홍수관리와 생태복원, 관광명소 조성과 경제 활력 증진이라는 통합적 목적으로 접근하고 있다. 파리는 에펠탑 등 아름다운 건물이 즐비한 강변에 시민을 위한 레저·휴식공간을 조성해 관광지로서 매력을 높였다. 런던은 매년 9월 한달간 강을 주제로 한 '토털리템즈' 축제를 열어 시민들이 무료 전시회와 라이브 공연, 선상파티 등을 런던의 매력을 한껏 즐길 수 있는 기회를 제공한다.

관악구에는 관악산에서 발원한 물줄기가 안양천을 타고 한강에 이르는 총 연장 11km에 달하는 도림천이 있다. 이 가운데 관악에서 관리

하는 구간은 서울대 앞에서 구로디지털단지역까지 총 6.7km다.

　　2019년 8월부터 관악구는 시민들이 즐겨 찾는 대표적인 문화·여가 공간이자 관광지로서 가치가 재조명될 수 있도록 특화사업에 돌입했다. 과거 복개사업으로 인해 군데군데 도로로 덮인 콘크리트 구조물을 걷어내고 살아 숨 쉬는 생태하천으로 되살리는 작업이 우선이다. 현재 마지막 구간인 서울대정문 앞부터 동방1교까지 상류부 작업만을 남겨둔 상황이다.

　　복원이 마무리되면 도림천을 따라 관악산까지 산책로가 연결되고 한강까지 연결되는 자전거도로가 완성된다. 산책로를 따라 관악산에 다다르면 시원한 계곡부터 치유의 숲길, 야외식물원 등 다양한 문화체험 공간이 펼쳐진다. 관악산 모험숲에서는 짚 코스터와 그물타기 등 산림

별빛내린천 야경

레포츠를 즐길 수도 있다.

2020년까지는 신대방역부터 구로디지털단지역으로 이어지는 구간을 손본다. 하천에 대한 접근성을 높이고 시민들이 이용하기 편리하도록 보행교 경사로 진입로 등을 대대적으로 정비한다. 축제의 장이 될 수변문화공간은 대수선하고 하천을 가로지르는 다리에는 경관조명을 달아 볼거리를 더할 계획이다. 정비가 마무리되면 주민들은 물론 여행객들 발길을 사로잡는 야경 명소로도 손색이 없을 것이다.

낡고 오래된 신림5교는 서울대와 관악산 주변 경관과 조화될 수 있는 상징적인 디자인으로 바꿔 다시 설치하고 도림천 둔치를 따라 꽃과 풀 나무를 풍부히 심어 시민들에게 쾌적한 자연의 길을 열어줄 계획

관천로 문화플랫폼 S1472 전경

도 있다. 봉림교부터 우방아파트를 잇는 관천로 구간은 2019년 11월 서울시 '생활권 도로다이어트' 사업에 공모해 '문화예술테마거리'로 조성할 구상이다(2021. 11. 관천로 문화플랫폼 S1472 개관). 4차선으로 돼있는 도로 폭을 2차선으로 좁히고 풍부한 식물과 휴게시설 녹색주차장을 갖춘 거리공원으로 조성해 누구든 편히 쉬었다 갈 수 있는 문화휴식공간으로 재탄생시킬 생각이다.

관악산 문화·산림서비스 연계한 새로운 관광벨트

하천 고유 자연성 회복에 충실하며 문화관광 공간으로 탈바꿈을 꿈꾸는 '도림천 특화사업'이 끝나면 관악산까지 이어지는 생태축 보전과 함께 관악산의 문화·산림서비스와 연계한 새 관광벨트 구축이 기대된다. 지역 특색을 담은 상징성 있는 이름을 부여하고 브랜드화에 힘쓴다면 관광도시 관악구 경쟁력도 갖춰질 것이다.

세계의 강이 보여줬듯이 도림천 역시 자연 생태를 품은 매력적 문화·관광명소로 발돋움하기에 충분한 잠재력이 있다. 맑은 물이 흐르고 하천을 따라 문화예술이 펼쳐지는 시민들의 휴식공간, 내국인은 물론 외국인도 사랑하는 서울의 필수 관광명소. 이를 따라 자연스레 경제적 가치를 창출하는 도림천의 밝은 미래를 앞당기기 위해 주민들과 함께 노력하겠다.

(서울신문 2019. 10. 10.)

찾아오는 주민이
지방자치의 꽃이다

고대 그리스 아테네에서는 시민들이 광장에 모여서 마을 문제를 함께 토론하고 결정했다. 민회는 그리스·로마 시대 도시 국가의 정기적인 시민 총회다. 시민들이 자신의 생각, 의견을 통해 스스로 문제를 해결해 나가는 직접민주주의의 시작이었다.

현대 민주주의는 대의민주주의를 근간으로 하고 있지만 지방정부는 직접민주주의를 실현할 수 있는 요소가 많다. 직접민주주의의 핵심은 적극적인 주민 참여다. 지난해 민선 7기 취임 후 가장 먼저 하고 싶었던 사업이 아테네의 직접민주주의를 우리 시대에 맞게 변형해 시스템화하는 것이었다.

삐삐를 차고 다니던 구의원 시절, 두 평 남짓한 사무실에서 '민원 불편 해소 상담소'를 차려 구민들의 민원과 정책 제안을 직접 받았다. 그 시절의 경험을 살려 2018년 11월 관악구청 1층에 민선 7기 1호 공

약사업인 카페형 관악청[1]을 탄생시켰다. 이곳에서 매주 화요일과 목요일 주민들을 직접 만나 정책 제안도 받고, 민원도 해결하며 열띤 토론을 펼치고 있다.

2019년 3~7월에는 '이동 관악청'도 선보이며 21개 동 주민센터를 순회하며 많은 주민들을 만나 지역 현안과 의견에 귀 기울였다. 이렇게 해서 처리하고 해결한 민원이 270여 건에 이른다. 취임 1주년에는 '온라인 관악청'도 만들어 시간적, 공간적 제약을 넘어 모든 주민과 소통의 폭을 넓혀 가고 있다.

성현동, 중앙동, 신림동 등 6개동에서는 주민자치회도 운영 중이다. 기존의 주민자치위원회가 동 자문 기구 역할에 그쳤다면 주민자치회는 공공서비스에 대한 권한과 책임을 가진 주민들이 모여 마을의 문제를 함께 고민하고 직접 해결해 나가는 것이다.

주민의 참여 없이 지방자치의 발전은 없다. 주민들의 적극적인 참여가 더 나은 관악구를 만들어 나가는 원동력이 된다. 진심으로 주민들의 이야기를 듣고 답답함을 나눠 조금이라도 어려움이 해소되길 바라는 마음으로 관악청에서 항상 주민들을 기다리고 있다. 꼭 무거운 주제가 아니어도 좋다. 선선한 바람이 부는 가을날 가벼운 마음으로 커피한잔 하러 관악청을 찾아오는 주민들의 발걸음이 꽃처럼 아름답다.

(아주경제 2019. 12. 4.)

소통의 시작은
경청

　토론과 여론을 중요시하는 세종대왕의 리더십이 시대를 초월해 주
목받고 있다. 세종은 중대한 안건을 결정할 때 독단적으로 결정하지 않
고 중론을 모으며 이른바 '소통疏通의 정치'를 펼쳤다. 백성의 작은 목소
리도 귀담아들으며 많은 이가 공감하는 법과 제도를 만들었다.

　정치는 물론 사회 전반에서 '소통'이 키워드인 시대다. 가정, 학교,
직장, 어디서든지 소통이 없으면 갈등과 대립이 발생한다. 반대로 서로
의 생각을 공유하고 대화하면 혼자일 때보다 더 창의적인 아이디어가
도출될 수 있다. 나아가 구성원들이 진실한 감정을 교류하고 서로 배려
함으로써 따뜻한 공동체도 형성된다.

　특히 중앙 정치에 예속되지 않고 그 지역만의 행정을 자율적으로
처리하는 지방자치의 실현을 위해서는 주민과의 소통이 무엇보다 중요
하다. 주민과의 스킨십을 통해 욕구를 파악하고 이를 반영할 때 공장에

서 일률적으로 찍어낸 기성복이 아니라 개개인의 몸에 꼭 맞는 '맞춤형 정책'을 펼 수 있기 때문이다.

필자는 정치생활 내내 소통을 늘 강조하며 주민의 작은 목소리에도 귀 기울여 왔다. 16년 구의원·시의원에 이어 구청장 2년 차인 지금까지도 잘 닦인 구두 대신 낡고 투박한 운동화를 신고 관악구 골목골목을 누비는 생활정치를 실천하고 있다. 구의원 시절, 두 평 남짓한 사무실을 얻어 민원불편해소 상담소를 차리고 모든 민원을 직접 받았던 일은 30여 년 정치 인생에서 보석같이 소중한 경험이었다.

민선 7기 관악구청장이 되어서도 주민과의 '소통 공간' 마련을 가장 먼저 꿈꿨다. 선거운동 시절부터 '구청장 만나기가 하늘의 별따기'라는 주민들의 말에 구청장실을 개방형 공간으로 만들어야겠다고 생각했다. 2,500년 전 시민이 모여 정치·경제적 문제에 대해 토론·숙의하며 직접민주주의를 꽃피웠던 고대 그리스 아테네의 아고라 같은 공간을 만들기 위해서였다. 마침내 2018년 11월, 제1호 공약사업으로 구 청사 1층에 카페 형태의 열린 구청장실인 '관악청ᵝ'을 조성했고, 화·목요일이면 이곳에서 직접 민원을 받았다.

1년간 관악청에서 접수한 민원은 무려 300건이 넘는다. 갑작스러운 위기가정의 경제적 어려움부터 주택·교통·환경 등 생활 속 불편사항, 구정운영에 대한 정책 제안까지 다양한 건의와 제안이 봇물처럼 쏟아졌다. 그중 90% 이상을 이해·설득시키거나 해결했을 만큼 주민 의견을 수용하기 위해 노력하고 있다.

관악청에서 더 나아가 2019년 3월에는 관악구 전 동을 순회하는 '이동 관악청'을 운영, 2,200여 주민 의견을 청취했다. 또 바쁜 직장인들

을 위해 컴퓨터나 스마트폰으로 언제 어디서든 구정 제안을 할 수 있는 '온라인 관악청'을 2019년 7월 오픈했고, 벌써 2만여 명이 방문했다. 얼마 전에는 113개 관악구 모든 경로당을 돌며 4,400여 어르신을 찾아뵙는 대장정도 마치며 소통의 폭을 점점 넓혀가고 있다.

소통은 주민의 마음을 울리는 '감동 행정'의 시작이다. 삶의 현장에서 어려움을 직접 느끼고 깨달아야만 참된 정책으로 주민에게 만족과 진실한 감동을 줄 수 있다. 또 여러 의견을 듣다 보면 혼자는 생각못한 기발한 아이디어가 떠오르고, 좋은 주민제안은 구정에 반영해 현실화시키는 행운까지도 얻게 된다.

'사공이 많으면 배가 산으로 간다'는 옛말을 현 시대에 맞게 '여럿이 머리를 맞대고 소통하면 믿기 힘든 기적도 이뤄진다'는 새로운 관점으로 재해석해 보는 건 어떨까? 주민이 바로 지역의 주인공이며, 주민이 스스로 참여하고 결정하는 시스템이 완성될 때, 관악구는 따뜻한 공동체를 이루고 한층 높이 도약할 수 있을 것이다. 600년 전 세종대왕이 보여줬던 소통의 리더십을 가슴 깊이 새기고, 50만 관악구민의 삶 속에 녹아들어가 주민과 동고동락하는 능동적 감동 행정을 펼쳐나갈 것이다.

(아시아투데이 2020. 1. 6.)

도시브랜딩,
스토리에 달려 있다

　많은 도시들이 이미지와 글을 통해 도시의 자부심과 행복감을 높이기 위한 '도시브랜딩'에 주목하고 있다. 도시도 그만의 차별화된 정체성이 있어야 사람들에게 더욱 쉽게 각인되고 관광지로서, 거주지로서의 경쟁력을 높일 수 있기 때문이다.

　세계의 유명 도시들은 독특한 역사와 이야기를 정체성으로 구축해 도시의 매력을 한껏 끌어올리고 있다. 도시만의 차별화된 역사와 스토리가 있다면 도시브랜딩은 더욱 성공적이고 흡인력을 갖게 된다.

　그런 의미에서 관악구에는 낙성대에서 태어나 성장한 고려 명장 강감찬 장군이 있으니 얼마나 고마운 일인지 모른다. 낙성대는 북두칠성의 네 번째 별인 문곡성文曲星이 떨어진 자리에서 강감찬 장군이 태어났다 하여 붙여진 이름이다. 그러나 대부분의 사람들은 낙성대를 떠올릴 때 강감찬 장군보다는 지하철역 내지는 낙성대학교라는 농담을 먼저 떠올리니 재미있으면서도 한편으로는 안타깝다.

이러한 아쉬움 속에서 구만의 정체성을 찾기 위한 '강감찬 도시브랜드' 구축 프로젝트에 돌입했다. 강감찬 장군이라는 호국영웅과 그 탄생설화를 잘 활용한다면 유구한 문화유산이 빛나는 관악만의 차별화된 경쟁력을 갖출 수 있을 것이라는 판단이 들었다.

많은 시민에게 강감찬 도시브랜드를 알리게 된 확실한 계기는 지난해 10월 낙성대공원 일대에서 3일간 개최한 '2019 관악 강감찬축제'였다. 특히, 지난해는 귀주대첩 승전 1,000주년을 맞아 역사 문화 콘텐츠를 대폭 강화해 관악구 낙성대 일대를 마치 고려시대로 돌아간 듯 생생하게 재현해냈다.

1,000인의 구민합창단의 환상적인 하모니로 축제의 서막을 열고, 축제 당일 아침에는 관악구청부터 강감찬대로를 거쳐 낙성대까지 1.8km 구간을 주민과 함께 걸으며 귀주대첩 승전을 기념하는 거리 퍼레이드를 펼쳤다. 팔관회 재현, 판소리 역사토크쇼, 강감찬가요제 등 다양한 행사를 열어 축제의 즐거움을 더했다.

남다른 각오가 통했는지 3일간 23만여 명의 시민이 참여해 낙성대공원 일대를 가득 메우는 성황을 이뤘다. 올해는 문화체육관광부에서 추진하는 문화관광육성 축제로 지정될 수 있도록 노력해 훗날 강감찬축제가 대한민국 축제로 발돋움할 수 있는 기틀을 마련할 계획이다.

2019년 6월 20일에는 남부순환로 시흥IC에서 사당IC까지 관악구를 지나는 7.6km 구간을 '강감찬대로'라고 명명하고 명예도로로 지정했다. 또 하나의 기쁜 소식은 12월 9일, 서울시 지명위원회의 결정으로 지하철 2호선 낙성대역을 강감찬역으로 함께 사용할 수 있게 됐다. 주민

강감찬축제 구민 1,000인 합창단 공연

들의 간절한 바람으로 오랜 기간 추진되었던 만큼 값진 결실을 맺게 되어 더욱 의미가 깊다. 유동인구가 가장 많은 2호선 지하철역 중 하나가 강감찬역으로 불린다면 강감찬 도시 관악구를 널리 알리는 데 큰 기여를 할 것이다.

강감찬 장군을 특화한 문화관광 사업 개발 연구용역도 올해 상반기를 목표로 순조롭게 추진 중이다. 유물·유적 발굴, 생가터 복원, 관광코스 개발 등 역사 관광자원 개발방안을 다방면으로 모색하고 있다. 강감찬 장군을 주제로 한 남북 교류협력 사업 가능성도 타진 중이다. 연구용역이 마무리되면 기존 시설물과 신규 설치 조형물, 가설울타리 등 지역 곳곳에 강감찬 장군 캐릭터와 이미지가 형상화된다. 관악구의 거리를 걷는 주민들이 곳곳에서 호국영웅 강감찬 장군의 정기를 물씬 느낄 수 있도록 분위기를 조성할 계획이다.

　　또한, 앞으로 낙성대공원 일대를 고려 역사문화를 체험할 수 있는 상시 배움의 공간으로 확대한다. 기존의 강감찬 전시관과 전통야외소극장을 활용해, 고려시대를 체험할 수 있는 다양한 콘텐츠를 개발하여 공원을 찾은 가족들의 역사 문화에 대한 이해의 폭을 넓혀갈 생각이다.

　　2019년 8월, 관악구 문화정책과 문화공동체를 선도할 관악문화재단이 공식 출범했다. 역사문화, 생활문화, 예술문화를 발전시켜 구민의 품격 있는 문화향유를 확대하고 관악구가 문화로 행복한 살기 좋은 도시로 발돋움하는 데 중추적인 역할을 할 것으로 기대된다.

　　민선 7기 관악구는 역사와 문화를 기반으로 한 차별화된 매력으로 도시의 가치를 높여나가고 있다. 우리 주민이 강감찬 장군의 탄생지에서 사는 데 자긍심을 갖고, 모든 사람들이 관악구를 강감찬 도시로 기억할 수 있도록 성공적인 도시브랜딩을 추진해 나가겠다.

(서울신문 2020. 1. 6.)

대학,
지역경제의 동반자

국가경제가 숲이라면 지역경제는 숲을 이루는 나무이다. 나무가 하나 하나 쓰러지면 숲이 사라진다. 국가경제가 커다란 나무라면 지역경제는 그 아래 깊숙이 뻗어 있는 뿌리와 같다. 뿌리가 제 역할을 하지 못하고 말라 버린다면 아무리 큰 나무라도 쓰러지게 된다. 결국 지역경제를 살리는 것이 국가경제를 살리는 지름길인 것이다.

관악구는 서울대라는 인적 자원이 있다. 취임 후 서울대를 내 집 찾아가듯 하며 구의 모든 역량을 서울대에 지원하겠으니 대학이 지역경제발전을 선도해 달라고 요청했다.

그 결과 관악구는 서울대와 함께 상생 발전을 위한 실무 책임 태스크포스(TF)를 만들었다. 서울대는 낙성벤처밸리에 인공지능(AI) 기반의 벤처 시설을 담아내기 위해 AI위원회를 구성했으며, 구글과 양해각서(MOU) 체결, 마이크로소프트와 상호 연구 협약 등 글로벌 기업과의 협력도 강화하고 있다.

서울대 후문 낙성대 일대에 벤처기업을 유치하고 창업의 메카로 만들기 위한 낙성벤처밸리 조성 사업의 성과는 더욱 눈에 띈다. 2019년 5월 문을 연 관악창업공간에는 11개 스타트업 기업이 입주해 활발하게 활동 중이다. 2020년에는 건물 전체를 매입해 관악창업센터로 확대·운영할 계획이다. 또한 2020년 1월 말 완공되는 낙성벤처창업센터에는 액셀러레이터, 법률, 세무, 회계 분야 등 창업 지원 시설이 입주해 낙성벤처밸리의 전진 기지 역할을 할 예정이다.

반가운 소식도 있다. 서울시 대학캠퍼스타운 조성 사업에 선정된 것이다. 서울대와의 협력이 이뤄 낸 이번 성과로 향후 4년간 시비 100억 원을 지원받는다. 대학동과 낙성대동을 지리적 구심점으로 서울대의 인력과 기술력, 창업 인프라를 활용해 관악구에 새로운 활력을 불어넣을 것이다. 낙성벤처밸리 육성 사업과의 시너지 효과 또한 기대된다.

2020년 경자년 새해에는 주민들이 체감할 수 있는 성과를 창출하는 '관악 경제 도약의 해'가 될 것이다. 서울대의 우수한 인재들이 만들어 가는 벤처창업도시, 청년들이 떠나지 않고 일할 수 있는 도시가 되도록 민·관·산·학이 협력해 지역경제에 활력을 불어넣겠다.

(내일신문 2020. 2. 10.)

여성의 안전,
모두의 행복

성폭력 주거침입 디지털성범죄 등 여성을 대상으로 한 범죄가 사회문제가 된 지 오래다. 혼자 사는 여성이 택배를 주문할 때 남성 이름을 가명으로 사용할 정도다.

통계청과 여성가족부가 발표한 '2019 통계로 보는 여성의 삶'에 따르면 전반적인 사회 안전에 대해 불안하다고 느끼는 여성 비율은 35.4%로 남성(27.0%)보다 8.4%p나 높다. 특히 여성은 범죄 발생에 대해 가장 불안함(57.0%)을 느꼈고, 이에 대한 남녀 차이는 12.5%p로 모든 항목 중 가장 컸다. 1997년 대비 여성의 불안 비율이 유일하게 상승(5.5%p)한 분야도 범죄 발생으로 여성 안전에 대한 대책 마련이 시급하다.

민선 7기 초반 지하철 화장실 등 공공장소에서 발생하는 불법촬영이 심각한 사회적 문제로 떠올랐다. 관악구는 전국 지자체 중에서 여성

1인 가구가 가장 많다(6만 7,000여 세대). 게다가 고시원 원룸 등 범죄에 노출되기 쉬운 시설이 밀집해 있어 여성 주민들은 막연한 불안감을 호소해왔다. 전국 최초로 동 주민센터에서 불법촬영 탐지장비를 대여해주는 서비스를 시행하는 등 여성안전 문제에 발 빠르게 대처한 배경이 여기에 있다.

여성 불안감 해소 위해 총력

관악구는 여성이 안전한 생활환경을 만들기 위해 총력을 기울이고 있다. 지하철 2호선 신림역 일대에 SS존 Safe Singles Zone 을 조성하고, 혼자 사는 여성에게 '안심 홈 4종 세트'를 지원한다. 또 관할 경찰서와 협업하여 안전항목을 진단하고 우수 원룸으로 인증하는 '여성안심 원룸 인증 사업'도 시행했다.

좁고 어두운 골목길이나 범죄취약지역 22곳에 안심골목길을 조성했고 학교 주변에 디자인 조명을 설치하여 그림글자(캘리그라피) 불빛이 거리를 환히 밝혀준다. 2020년에는 30여 곳에 지능형 CCTV 카메라 147대를 추가 설치하는 등 안전한 보행환경을 만드는 데 주력한다.

2020년 1월 여성 지적장애인을 위한 배회감지기 지원사업을 새롭게 시작했다. 관악구가 전국에서 처음이다. 손목시계 형태 배회감지기에는 위치추적기GPS가 탑재돼 있어 실종사고나 범죄의 위험이 크게 줄 것으로 기대한다.

또한 인공지능AI 등 첨단기술을 활용해 범죄나 사고 상황을 미리 판단하고 스마트관제센터에 알려 경찰이 출동하는 '스마트 안전조명'을 신림역 일대에 시범 설치할 예정이다.

이 밖에도 여성의 안전한 삶을 위해 지역특성에 맞는 다양한 정책을 발굴하고 지역사회 전반에서 민·관 협력을 끌어내기 위해 최선의 노력을 다하고 있다.

물론 사회적 제도와 안전장치만으로 여성 안전문제를 근본적으로 해결할 수는 없다. 여성들이 겪는 불안감의 근원은 여성에 대한 잘못된 인식과 불평등이기 때문이다. 여성의 안전이 당연한 권리로 보장되고 양성평등 사회가 구현될 때 그 불안감은 자연히 해소될 것이다.

지역특성에 맞는 여성정책 발굴

여성1인가구 비율 전국 1위인 관악구는 전국 최초로 '범죄없는 안전도시 5개년 계획'을 수립, 추진 중이다.

안전은 개인의 행복한 삶에 있어 가장 기본이 되는 요소다. 개인 삶의 최고 가치이자 지방행정의 지향점인 주민의 '행복'을 위해 안전은 반드시 보장되어야 한다. 그런 점에서 여성의 안전을 보장하는 것이 행복한 사회를 만들기 위한 출발점이다. 관악구는 여성이 더욱 행복하고 안전하게 사는 따뜻한 지역공동체를 만들어나갈 것이다.

(문화일보 2020. 5. 6.)

코로나 극복한
사회적 연대의 힘…
한국의 새로운 경쟁력

한국은 신종 코로나바이러스 감염증(코로나19) 확산 우려가 컸던 2020년 4월 15일 제21대 국회의원 총선거를 무사히 치렀다. 전 세계 확진자가 200만 명을 넘어서고 미국, 영국 등 주요 선진국들이 예정했던 선거 일정을 줄줄이 연기한 가운데 대한민국은 집단 감염 위험을 이겨 낸 나라로 또 한 번 주목을 받았다. 해외 주요 언론들은 이번 총선이 '다른 나라의 선거 지침이 될 수 있을 것'이라고 평가했다. 감염원을 찾아 선제 방역하는 정부의 신속한 조치와 그에 발맞춘 지방정부의 실행력, 현장에서 애쓰는 의료진, 불편함을 감수하고 고강도 '사회적 거리두기'에 동참한 국민의 노력이 결합한 결과로 볼 수 있을 것이다.

방역 현장 최전선에 있는 구청장으로서 지난 석 달을 긴장 속에서 살았다. 주민의 생명과 안전을 지켜야 하는 사명감이 그 누구보다 컸다.

주말에도 출근해 매일 상황보고회를 열어 방역 상황을 점검했고,

취약계층 보호, 마스크 지원, 자가 격리자 관리 등에 행정 자원을 적극적으로 투입했다. 확진자가 방문했던 곳과 집단 감염에 취약한 다중이용시설에 대해선 주기적으로 방역을 실시해 코로나19의 지역 사회 전파 가능성을 차단했다. 주민들은 강도 높은 사회적 거리두기에 동참했고 다중이용시설도 자발적으로 문을 닫는 형태로 화답했다. 코로나19라는 재난에 지역 공동체가 각자의 불편과 손해를 감수하고 연대한 것이다.

그러나 사회적 거리두기가 계속된 탓에 기초생활수급자, 일용직 근로자 등 취약 계층과 소상공인들의 경제적 어려움이 점점 커지고 있어 마음이 무겁다. 전통시장과 인력시장 등 지역 곳곳에서 "경제를 살려달라"며 어려움을 호소하는 많은 주민을 만났다.

관악구는 소상공인 자금 지원, 공공 일자리 확대, 휴업지원금 지급을 긴급 실시했고 앞으로 사업 예산도 신속하게 집행할 계획이다. 재난 극복을 위해 개인적 손실을 감수한 이들이 재기해서 다시 예전 모습으로 돌아갈 수 있도록 마중물이 돼주는 것, 그것이 공공의 역할이라고 생각한다.

일상과 방역을 병행하는 '생활방역'이 시작되는 등 코로나19 확산 공포가 확실히 진정된 듯 보인다. 위기 속에서 더 강해진 연대와 협력의 힘은 전 세계에 코로나19를 이길 수 있다는 용기를 줬다. 위기를 기회로 만든 국가의 힘과 혼란 속에도 질서를 유지하는 성숙한 시민의식은 곧 마주할 '포스트 코로나 시대'에서도 우리나라의 새로운 경쟁력이 될 것이라 믿는다.

(헤럴드경제 2020. 6. 11.)

포스트 코로나시대 골목상권,
새로운 변화가 답

코로나19에 따른 경기 침체로 소상공인과 영세 자영업자들이 심각한 위기에 놓였다. 거리두기와 소비 위축으로 수개월째 매출은 급감했으나 고정 비용은 매달 나가는 상황이니 한계에 다다랐다는 소상공인들이 늘어나고 있다.

정부는 내수경기 활성화를 위한 각종 경기부양책을 쏟아냈다. 현 상황에서 매출에 도움이 될 자금 지원도 필요한 대책이나 일시적 처방으로는 현 위기를 타개하는 데 한계가 있다. 경기 부진에 코로나19가 겹쳐 자영업 몰락이 현실로 나타나고 있는 만큼 근본적인 대책 마련에 고민해 봐야 할 시점이다.

장기적 관점에서 특색 있고 건강한 골목상권을 만들어 경쟁력을 확보하는 것이 위기를 극복하는 방안이 될 수 있다. 낙후된 상권에 브랜드를 입혀 음식점, 카페, 전통시장 등 주변 일대까지 살아나게 만드는

관악구는 2019년 중소벤처기업부의 상권르네상스 공모에 서울시 최초로 선정되어 2025년까지 총 80억 원이 투입되는 '별빛 신사리 상권르네상스' 사업을 추진하고 있다.

상생효과가 자영업자 한 명 한 명에 대한 단기 지원 못지않게 효과가 크다. 전주 한옥마을이 뜨자 주변 전주남부시장도 함께 활기를 띠고 구도심 일대가 역사문화벨트로 묶여 같이 발전하고 있는 것이 대표적인 예다.

관악구 신림역 일대 상권은 1970년대 허름한 재래시장의 순대 골목에서 시작됐다. 구로, 관악, 강남을 잇는 지하철 2호선 개통으로 유동인구가 급증하면서 고시를 준비하는 수험생, 대학생부터 순대 골목에 향수가 있는 중·장년층까지 다양한 연령층이 즐겨 찾는 서울 서남권의 중심 상권으로 성장했다.

그러나 2009년 사법고시 폐지와 함께 상권이탈 현상이 심화됐고, 신흥 대규모 상권의 등장으로 트렌드를 따라오지 못한 구도심 상권은 정체기를 맞게 됐다.

관악구는 낙후한 구도심 상권을 살리기 위해 2020년부터 '상권 르네상스 프로젝트'에 돌입했다. 2019년 88개 골목상권에 대한 기초 조사와 연구용역을 선행하고, 순대타운, 신원시장 등을 품은 신림역 일대에 '별빛 신사리(별빛이 내리는 신림사거리)'라는 콘셉트를 정해 지역만의 특색을 입혀가기로 했다.

상권을 대표할 랜드마크를 설치하고 낙후된 시설물과 거리환경을 개선함과 동시에 인근 도림천과 '걷고 싶은 문화의 거리'와 연계한 테마 골목길을 조성, 기존과는 확실히 다른 젊음과 문화예술이 넘치는 상권 조성에 박차를 가하고 있다.

이와 함께 도림천을 자연이 살아 숨 쉬는 생태 하천으로 복원하고 녹색 산책길 조성 등 주변 경관을 개선해 젊은 층을 유인할 새로운 문화 관광 콘텐츠를 펼쳐 상권의 매력을 높이고 있다.

또 지역 상인들이 소통하고 단합할 수 있는 환경을 조성하고 포스트 코로나 시대에 맞는 경영·마케팅을 컨설팅해 판로 개척을 지원하고 있다. 지역의 상인들도 이전과는 다른 경영 마인드를 갖추는 한편, 트렌드에 맞는 아이디어를 중앙정부와 지방정부에서 주도적으로 추진한다면 상권 자생력 강화를 앞당길 수 있을 것이다.

뿌리 깊은 나무는 바람에 흔들리지 않는다. 생존의 갈림길에 선 영세 자영업자들에게 당장의 고통을 완화시켜줄 진통제가 선행됐다면 이제는 상권 자체를 튼튼하게 만들어줄 근본 대책이 필요하다.

(아주경제 2020. 6. 26.)

코로나 시대,
동네서점 살리기

　어릴 적 가족, 친구들과 함께 다니던 동네서점이 최근 10년 사이에 운영난을 극복하지 못하고 20%나 급감했다. 한국출판문화산업진흥원이 발표한 '2019년도 지역서점 현황조사 및 진흥정책 연구보고서'에 따르면 지난해 전국의 지역서점은 2,312곳으로 2009년 2,846곳에 비해 534곳이 감소했다. 전국 시·군·구 중 서점이 한 곳도 없는 지역이 5곳이고, 단 한 곳뿐인 지역도 44곳에 이른다.

　디지털 문화 확산으로 종이 책들이 점점 사라지고 온라인서점, 대형 체인서점, 기업형 중고서점이 도서시장을 석권하면서 동네서점들이 설 자리를 잃고 있다. 하지만 지역의 문화를 갖고 있는 동네서점은 단순히 책만 파는 곳이 아니라 사회·문화적 효용가치를 갖고 있기에 정부와 지자체의 지역서점 지원정책이 절실하다.

　오래전부터 미국, 유럽 등 주요 선진국에서는 도서에 대해 낮은 세율을 적용하고 있다. 작은 서점들이 가장 밀집한 프랑스에서는 도서 할인을 금지하는 완전도서정가제를 시행하고 있다. 또한 서점을 창업하거나 개선할 때 무이자 대출로 동네서점의 경영 안정을 돕고 있다. 우리나라도 2003년 도서정가제를 처음 시행하고 도서 등에 대한 부가가치세 면제, 공공기관의 지역서점 우선 구매제도 등 다양한 지역서점 지원책을 마련해 가고 있다.

필자는 민선 7기 관악구청장에 취임하며, 소상공인이 살맛나는 활기찬 골목을 만들어 지역경제를 살리겠다는 공약을 내세웠다. 관악구에는 작은 점포가 대부분으로, 소상공인을 웃게 만드는 정책이 많은 구민을 행복하게 할 수 있다고 믿기 때문이다. 큰 규모의 상권개발 사업뿐만 아니라, 종량제 봉투를 판매하는 750여 개의 작은 동네슈퍼 등을 돕기 위해 봉투 판매이윤을 6%에서 9%로 인상한 것처럼 작지만 세심한 부분까지 신경 쓰며 소상공인과 상생하는 정책을 만들어가고 있다.

사라져 가는 동네서점을 지원하는 일 또한 빼놓을 수 없는 고민이었다. 동네서점의 매출을 끌어올리기 위한 방안으로 2019년 6월 10일, 서울시 최초로 '동네서점 바로대출제'를 도입했다.

한국서점조합연합회 회원으로 등록된 관내 서점 7개소와 협약을 맺어, 주민이 읽고 싶은 책을 도서관에 가지 않고도 집 앞 동네서점에서 바로 대출하고 반납할 수 있게 했다. 서점에 반납된 책은 공공도서관에서 구입·비치해 동네 서점의 매출을 향상시켰다.

지난 1년 동안 1만 300여 명의 주민이 무려 1만 4,000여 권의 도서를 빌려 읽었을 만큼 큰 호응을 얻었다. 2~3일이면 신간도서나 베스트셀러처럼 보통 도서관에 없는 책들도 새 책으로 쉽게 빌려 읽을 수

관악구 '동네서점 바로대출제'는 행정안전부 주관 '2021년 주민생활 혁신사례 확산 지원사업'에 최종 우수사례로 선정되는 영예를 안았다.

있다는 것이 인기의 비결이다. 서점을 방문한 주민이 곳곳을 둘러보다가 예약하지 않은 책도 구매하는 쏠쏠한 효과도 있었다. 주민 편의 증진과 동네서점 매출 향상이라는 '두 마리 토끼'를 동시에 잡은 셈이다.

코로나19로 관내 공공도서관이 임시 휴관에 돌입하자 애서가들 사이에서 동네서점 바로대출제는 효자 역할을 톡톡히 했다. 사회적 거리두기가 한창이던 지난 3월에는 월평균 이용자 840명의 2배가 넘는 1,694명이 동네서점을 이용했다.

나날이 높아지는 동네서점 바로대출 수요에 발맞춰 한 번에 2권까지만 가능하던 대출 권수를 5권까지 확대했고, 대출기간도 1주에서 2주로 연장하여 주민 편의를 더욱 높였다. 도서구입 예산도 지난해 5,000만 원에서 올해는 1억 3,000만 원까지 확대했고, 참여 서점 수도 점차 늘려갈 계획이다.

언제 어디서든 책상에 앉아 태블릿 PC로 전자책을 볼 수 있는 시대지만, 옛 아날로그 감성을 떠올리게 하는 추억의 동네서점은 책 그 이상의 가치를 담고 있다. 책을 매개로 모인 사람들이 이야기꽃을 피우며 소통하는 문화공간이자, 이를 통해 경제적 효과까지 이끌어낼 수 있는 지역의 소중한 자산이다.

코로나19 사태가 오래가고 있다. 우리 구민들이 소소하지만 책 내음 가득한 동네서점에서 문화의 향기를 느낀다면 답답한 현실에서 기분 전환이 되지 않을까?

(서울신문 2020. 7. 20.)

뉴노멀 시대,
녹색 공간이 K방역이다

코로나19 사태로 소소한 일상이 무너지고 있다. 무더운 날씨에도 마스크를 벗을 수 없고, 계속되는 생활 속 거리두기에 소모임을 가질 수도 없다. '코로나 블루'라는 신조어도 등장했다. 많은 사람이 제한된 일상이 주는 답답함과 감염에 대한 불안감으로 정신적 고통을 호소하고 있다.

우울감이 커지고 제한된 일상이 길어질수록 힐링이라는 단어에 주목하게 된다. 코로나 블루를 이겨 내고 건강한 일상을 유지하려면 개개인의 삶 속의 힐링이 필요하다. 관악구는 코로나19로 지친 시민을 위해 쉼과 여유를 느낄 수 있는 장소를 지속적으로 늘려 가고 있다.

지난해 개장한 더불어 도시농업공원은 관악구의 대표적인 힐링공간이다. 1만 5,000㎡ 부지에 경작체험원, 양봉체험원, 허브·장미원 등 다양한 콘텐츠를 담았다. 가족이 함께 산책하며 휴식을 즐길 수 있고,

삼성동 도시농업공원

직접 땀 흘려 일군 수확물을 어려운 이웃과 나누며 교류하는 값진 경험
도 할 수 있다. 이 외에도 강감찬 텃밭, 낙성대 텃밭 등 인근 도시텃밭이
2만 8,000m^2에 이른다.

　　관악산에 자리한 서울시 최대 규모(1만 4,000m^2)의 관악산 모험숲은
도심 속에서 푸른 자연과 함께 다양한 어드벤처 코스를 즐길 수 있는
숲속 놀이공원이다. 치유의 숲길도 빼놓을 수 없다. 숲길을 따라 물요법
터, 물소리 쉼터, 소리길 등 지친 몸과 마음을 회복할 수 있는 힐링공간
이 조성돼 있다.

어린이를 위한 공간도 늘려간다. 자연형 놀이터, 곤충 관찰 전시장 등 자연 속에서 맘껏 뛰어놀 수 있는 유아자연배움터와 유아숲 체험원을 2022년까지 각각 5곳씩 확충할 계획이다. 자연 친화적인 공간을 통해 어린이에게는 놀이와 배움의 장소를, 주민에게는 쉼터와 커뮤니티의 장을 제공할 구상이다. 새로운 힐링 공간도 조성 중이다. 관악산 입구는 2022년 경전철 신림선 개통 시기에 맞춰 으뜸공원으로 재탄생된다.

코로나19는 현재 진행형이고, 우리는 장기전을 준비해야 한다. 포스트 코로나 시대에는 모든 일상이 바뀔 것이다. 우리는 지친 몸과 마음을 치유해 다시금 일상으로 돌아가 코로나19와 맞서 생활해야 한다. 이번 주말 관악구 곳곳에 있는 초록빛 힐링공간에서 가족과 함께 지친 몸과 마음을 힐링해 보는 건 어떨까?

(아시아투데이 2020. 11. 30.)

관악구에
별빛이 내린다

자동차, 가방, 핸드폰을 넘어 작은 동네식당, 빵집도 자신만의 '브랜드' 없이는 살아남기 힘들다. 맛이나 상품의 질, 서비스까지 우열을 가리기 힘들 만큼 엇비슷해지면서 이제는 소비자에게 어떠한 인식을 심어주느냐가 성패를 좌우한다. 공공서비스를 제공하는 지방정부도 예외는 아니다.

지방자치제 실시 이후 각 지방정부는 지역 이미지 개선과 도시의 정체성을 찾기 위해 도시비전과 브랜드 개발에 심혈을 기울이고 있다. 도시브랜드는 도시의 규모에 관계없이 선택이 아닌 필수인 것이다.

도시브랜드는 새로운 가치 창출과 지역의 정체성을 세우고 지역 주민에게는 자긍심을 갖게 한다. 도시브랜드에서 특히 중요한 것은 '상징적 역사 이야기'다. 도시는 하루아침에 만들어진 것이 아니라 유구한 세월 속에서 살아온 사람들의 순간순간이 모인 역사의 공간이기 때문이다.

지역을 대표할 만한 역사와 이야기는 도시의 매력을 한껏 끌어 올려 사람들에게 더욱 쉽게 각인된다. 우리들은 이야기시대에 살고 있다. 대부분 보이는 것에 먼저 호응을 하기 마련인데 사실은 이야기가 그것을 앞선다. 이야기가 먼저 있고 그 위에 구체적인 형상물이 만들어질 때 비로소 생명력을 얻고 자연스럽게 이해되고 기억한다.

구청장의 직책을 가지고 있는 필자는 내가 살고 있는 마을의 이야기를 공공행정과 어떻게 접목해야 그것이 지역브랜드로 작동할 수 있는가를 자주 고민한다. 그런 의미에서 관악구에는 낙성대에서 태어나 성장한 고려 명장 강감찬 장군이 있으니 얼마나 고마운 일인지 모른다.

민선 7기 관악구는 호국의 영웅, 별이 떨어진 자리에서 태어난 탄생설화 주인공 강감찬 장군이 가진 차별화된 매력으로 경쟁력을 갖춘 '강감찬 도시브랜드'를 구축하고 있다. 귀주대첩 전승행렬, 강감찬 장군

추모제향 등 고려의 찬란한 문화를 재조명한 귀주대첩 승전 1,000주년 을 맞은 '강감찬축제'는 2019년 23만 명이 방문하며 대한민국 대표 역 사문화 축제로 자리매김했다.

'사람은 죽어서 이름을 남긴다'는 옛말처럼 남부순환로 시흥IC에서 사당IC까지 관악구를 지나는 7.6km 구간을 '강감찬대로'라는 명예도로로 지정하고 지하철 2호선 낙성대역은 '강감찬역'으로 함께 사용하고 있다.

특히 올해는 북두칠성의 네 번째 별이 떨어진 자리에서 태어난 강 감찬 장군의 탄생 설화를 바탕으로 지역의 대표명소인 도림천을 '별빛 내린천'으로, 지역상권 활성화를 위한 상권르네상스 사업 명칭을 '별빛 신사리'로 브랜드 네임을 정해 특별함을 더했다.

강감찬 테마버스, 강감찬 스마트 그늘막, 강감찬 도시농업센터, 코로나 강감찬 방역물품 꾸러미까지 위풍당당한 고려시대의 영웅이 까마득한 후손들에게 친근하게 다가오고 있다. 또한 시설물, 가설울타리, CCTV, 버스 등 관악구 거리 어디서든 '늠름귀욤'한 강감찬 장군 캐릭터를 만날 수도 있다.

2020년 11월에는 강감찬 장군을 품은 역사도시를 표방하며 성공적으로 도시브랜딩을 이뤄낸 성과로 지방자치부문 대한민국 문화경영대상에 선정돼 관악구를 전국적으로 알리는 데 기여했다.

"강감찬대로에서 강감찬버스 타고 가고 있어!"

"오늘은 별빛내린천에서 돗자리 깔고 치맥 어때?"

"와우~, 강감찬축제가 벌써부터 기다려진다!"

도시브랜드는 도시의 긍정적인 이미지가 강화되는 것으로 이어져야 한다. 관악구도 머지않아 '강감찬'이라는 하나의 키워드로 다시 방문하고 싶다는 설렘과 기대가 생기길 바란다. 1,000년의 역사를 품은 강감찬 도시 관악, 강감찬 장군을 필두로 관악구가 변화와 혁신을 맞이하고 있다.

(내일신문 2021. 1. 18.)

'모든 아이'가
'모두의 아이'가
될 수 있도록

가슴이 너무 아리다. 이번에도 아이를 지키지 못했다. 큰 눈망울에 웃으면 반달 모양의 눈이 사랑스러운 아이, 고작 생후 16개월밖에 되지 않은 정인이가 사랑받아야 할 부모로부터 학대를 받아 세상을 떠났다.

아동학대는 한두 해 문제가 아니다. 안타까운 것은 법령을 제정하고 제도를 개선하는 등 정부의 많은 노력에도 불구하고 아동학대 사례 건수는 해마다 늘어 2019년 4만 1천여 건을 넘겼고, 한 해 동안 사망한 어린이만 무려 42명에 이른다. 스스로를 방어할 힘이 없는 어린 생명이 사라지는 일이 반복되고 있다.

지난해 10월부터 '아동학대범죄의 처벌 등에 관한 특례법'이 개정되어 시행에 들어갔다. 주요 내용은 민간에서 수행하던 아동학대 현장 조사 업무를 지방정부에서 전담해 '공공성'을 강화한다는 것이다. 또한 지난 1월 8일 일명 '정인이 방지법'으로 또다시 개정안이 국회 본회의를

통과했다. 아동학대 신고 즉시 수사, 현장 공무원의 출입 범위 확대, 아동과 학대가해자 분리조치 강화, 자녀의 체벌 금지 등 아동학대 방지를 위한 입법발의가 계속되고 있다.

하지만 아동학대 방지에 대한 법과 제도를 현장에서 수행할 수 있는 지방정부의 전담 기관 및 인력은 턱없이 부족하다. 아동복지법에 의하면 아동보호전문기관은 지자체별로 1개씩 설치되어야 하나 2020년 전국의 아동보호전문기관 수는 68개소에 불과했다. 전국 226개 시·군·구의 30% 수준이다. 지난해 10월부터 지자체에는 아동학대 전담공무원들이 배치되고 있으나 잦은 출동과 민원으로 벌써부터 기피업무로 외면받고 순환보직으로 인한 업무의 전문성 강화는 힘든 상황이다.

법안을 만드는 것도 중요하지만 법안이 잘 수행되고 지켜질 수 있는 지방정부의 환경조성이 우선되어야 할 시점이다. 아동학대 방지제도와 처벌규정이 없어 '정인이 사건'을 막지 못한 것이 아니기 때문이다.

지역사회 내 아동인권 증진과 아동학대 인식 개선 사업 진행, 아동학대 사례별 맞춤형 전문 서비스 제공, 아동보호전문기관과 학대피해아동쉼터 확충, 전담 공무원 증원 및 전문성 제고 등 행정과 지역사회가 법과 제도에 발걸음을 맞추어 나갈 수 있는 총체적인 변화가 따라야 할 것이다.

아동정책의 기본방향은 아동에 대한 공공책임을 확대하여 아동이 행복하고 건강하게 성장할 수 있는 사회적 여건을 조성하는 것으로 '보편성'과 '공공성'의 강화가 핵심이다. 아동이 보호의 대상에서 권리의 주체가 될 때까지 행정과 지역사회가 발걸음을 맞추어 나가야 할 것이다.

관악구는 민선 7기 아이들의 웃음소리가 커질 수 있도록 노력한 결과 지난해 3월 유니세프UNICEF 한국위원회로부터 '아동친화도시'로 인증을 받으며 의미 있는 성과를 냈다. 인증 받은 일이 자랑스럽고 보람된 일이지만 아동이 존중받는 사회로 나아가기까지는 여전히 갈 길이 멀다.

아프리카에는 '한 아이를 키우기 위해서는 온 마을이 필요하다'는 속담이 있다. 이제 '모든 아이'가 '모두의 아이'가 될 수 있도록 가정뿐 아니라 지방정부와 국가, 지역사회 모두가 책임을 다해야 한다.

(아시아투데이 2021. 4. 26.)

'제2의 스타벅스', 스스로 성장하는 '골목'이 꿈을 꾼다

도시의 작은 골목에서도 유명한 브랜드를 꿈꿀 수 있다. 세계 최대 커피 브랜드인 '스타벅스'는 시애틀 마켓의 작은 커피숍에서, 글로벌 가구 공룡 '이케아'는 인구 8천 명의 소도시 스웨덴 알름홀트에서 시작했다. 포틀랜드 골목의 신발 가게는 스포츠 브랜드 1위 '나이키'를 낳았다.

이들 브랜드의 공통점은 바로 지역만이 가진 환경과 스토리를 담아 지역의 라이프 스타일에 맞추어 세계 굴지의 대기업을 키웠다는 점이다.

흐리고 쌀쌀한 날씨로 따뜻한 커피를 찾는 시애틀 문화, 1년의 절반이 눈보라인 척박한 시골마을에서 싸고 편리함을 강조하는 알름홀트의 실용주의, 걷기 좋은 도시에서 운동을 즐기는 포틀랜드의 활력 등 지역만이 가진 특색을 찾아 발전시켜 더욱 가치있는 프리미엄 브랜드를 탄생시킨 것이다.

1980년 이후 미국에서 상장한 기업의 절반 정도는 지역의 골목상권에서 시작했다. 이는 미국 지방정부가 도시를 분야별로 세분화하고 골목 단위의 활성화 정책을 수립하여 지역의 정체성을 바탕으로 골목상권의 역량을 높이기 때문이다. 또한 새롭게 변화하는 트렌드에 맞는 창업을 지원하고 경쟁력을 갖춘 인력을 육성하는 데 적극적인 투자를 한 결과로 볼 수 있다.

우리나라는 골목의 작은 가게에서 시작해 대기업으로 성장한 사례를 찾아보기 힘들다. 그동안 우리는 소상공인을 단순히 보호해야 할 대상으로만 인식할 뿐 이들이 더 나은 경쟁력을 갖추고 지역을 대표하는 기업으로 성장할 수 있는 체계적인 지원에는 소홀했기 때문이다.

국가와 지방정부는 우리 경제의 실핏줄인 골목상권을 되살릴 실효성 있는 정책과 방안을 강구해야 한다. 골목상권의 공간을 체계적으로 기획하고 소상공인 경영에 창의성과 문화를 더하며 전문가와 다른 산업과의 협업과 상생도 필요하다. 또한 지방정부는 형식적인 자금 지원에만 초점을 맞추지 말고 골목상권에 대한 인식을 바꾸고 이들이 성장할 수 있는 인프라를 마련하고 최신 변화와 트렌드에 맞춰 정책도 세밀해질 필요가 있다.

지역의 정체성을 가지고 경쟁력을 갖춘 소상공인이 스토리를 기반으로 새로운 트렌드를 반영하여 성장한다면 골목상권의 심장은 빠르게 뛰고 골목의 구멍가게가 지역을 넘어 나라를 대표하는 랜드마크 기업으로 성장할 것이다.

세계 10위 안에 들어가는 경제대국으로 성장했지만 부의 양극화 문제는 여전히 남아 있다. 국가나 지방정부가 해야 할 일은 돈이 특정한 곳에만 쌓이지 않고, 골고루 순환하게 하는 정책을 펼 때 경제구조가

탄탄해지고 안정화될 것이다.

　필자는 골목경제가 국가경제의 기반이라고 판단해 민선 7기 취임 초부터 '단돈 1원이라도 소상공인에게 도움이 된다면 뭐든 추진하겠다'는 마음가짐으로 현장의 목소리를 반영한 골목상권 활성화에 힘을 쏟고 있다.

　관악구는 골목상권이 스스로 성장할 수 있도록 권역별 골목상권 활성화 중장기 계획을 마련했다. 2021년 말까지 총 36억 원의 예산을 투입해 5개 권역별로 2개소씩 총 10개소의 골목상권을 지역의 환경과 스토리를 담아 테마골목을 조성하고 전통시장과 연계한 시너지 효과를 창출해 가고 있다.

　이와 함께 지역 상인들을 위한 다양한 교육 콘텐츠를 개발하고 점

"골목상권 브랜드 BI 개발"

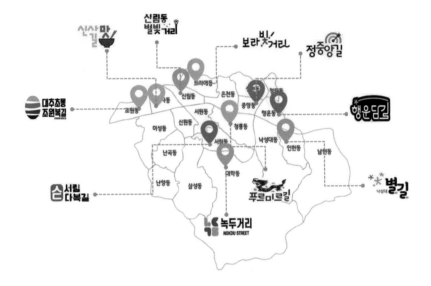

포별 시설개선 지원, 상권관리기구 구성·운영 등 상권의 자생력을 강화하여 스스로 성장해 나갈 수 있도록 적극 지원해 가고 있다.

아이러니하게도 현재 포스트 코로나 상황은 골목상권에 유리하게 돌아가고 있다. 사회적 거리두기 덕분에 동네 골목이 삶의 중심이 되었다. 코로나 시대에 우리가 해야 할 일은 골목이 새로운 희망이 되고 골목이 주목받는 도시를 스스로 만드는 일이다.

글로벌Global과 지역Local의 합성어인 글로컬Glocal은 지역의 정체성을 살린 세계화를 말한다. 가장 지역적인 것이 가장 세계적이다. '관악판 스타벅스, 이케아, 나이키'가 머지않아 우리 옆 골목에서 만들어지지 않을까 기대해본다.

(서울신문 2021. 6. 18.)

매일이 행복한
가족 친화형 도시 관악

　　우리의 일상이 바뀌고 있다. 코로나19 장기화와 계속된 거리두기로 지쳐가고, '코로나 블루'라는 신조어가 생길 만큼 우울감이 일상 속에 자리 잡았다. 코로나19의 제약 속에서도 오랜만에 만나 정을 나누는 가족들의 모습, 따뜻한 햇살 아래 가족의 손을 잡고 웃음꽃을 피우는 아이들의 모습을 보며 가족의 기능에 대해 다시금 생각해보게 된다. 위기 때마다 우리가 찾는 곳은 결국 가족이다. 가족은 최초의 보금자리이자 최후의 안식처로 사람을 보호하고, 성장시키고, 미래로 연결한다. 가족 안에서 위안을 받고, 또 가족을 위해 위기를 헤쳐 나간다.

　　안타깝게도 위기 속에서 가족이 울타리가 되어 주지 못하고 오히려 해하는 사건들이 최근 늘고 있다. 이런 가슴 아픈 사건들이 발생할 때마다 우리는 함께 분노하며, 더욱더 엄중한 처벌을 요구한다. 우리가 특별히 분노하는 이유는 가족이 다른 공동체와는 다르게 온전히 그 역

할을 다할 것을 기대하기 때문이다. 하지만 사회가 변화하고, 가족의 형태가 다양해지고 복잡해지면서 가족 구성원들에게 주어진 역할 또한 더욱 무거워지고 있다. 건강한 가정을 이루기 위한 노력을 개인에게만 맡길 수 없게 되었다. 개인이 가정에서의 역할을 올바르게 수행할 수 있도록 공공의 지원과 제도적인 뒷받침이 절실하다. 가족 구성원을 보호하고, 출산·양육, 일·가정 양립, 가족친화 환경조성 등 가정을 수호하고 그 기능을 강화해야 한다.

민선 7기 관악구는 출범 이후 아동의 인권이 보호받고, 보육·안전·여가 등 다방면에서 아동과 부모의 욕구가 실현되는 '아동친화도시' 조성에 전력을 기울여, 지난해 유니세프 한국위원회로부터 아동친화도시로 인증되는 쾌거를 이루었다. 또한 2019년 12월 '여성친화도시'로 지정된 후, 여성의 역량강화와 돌봄, 안전구현을 목표로 다양한 사업을 펼치고 있으며, 온 가족이 건강하고 행복한 도시를 만들기 위해 가족친화

관악구는 2021년 가족친화인증 및 정부포상 수여식에서 가족친화우수기관으로 선정돼 대통령 표창을 받았다.

정책에도 박차를 가하고 있다.

특히 가족복지 향상을 위한 일념으로 건립한 관악구 최초의 가족문화복합시설인 '관악가족행복센터'가 2021년 6월 23일 개관을 앞두고 있다. 실내놀이체험관부터 보육시설, 취·창업 프로그램실, 마을미디어센터 등 누구나 이용할 수 있는 다양한 시설을 갖춰 아이부터 어른까지 모두 함께 누리며 즐길 수 있는 새로운 가족 친화형 공간으로의 역할을 기다리고 있다.

관악가족행복센터에서 들려올 구민들의 행복한 웃음소리를 상상해본다. 삶에 있어 가장 중요한 가치는 바로 행복이다. 아이들과 어르신, 여성과 남성, 49만 구민 가족 모두의 매일이 행복한 도시를 만들 때까지 일상 속에서의 행복을 위한 정책 추진을 계속해나갈 것이다.

(헤럴드경제 2021. 9. 1.)

'평등한 돌봄, 함께 홀로서기' 지역사회가 함께한다

　서정윤 시인의 시집 서문에는 "홀로서기는 홀로 살아가기 위해 필요한 것이 아니라 더불어 사랑하며 살아가기 위해 필요한 것입니다"라는 글귀가 있다. 홀로 선다는 것은 무엇일까? 구청장의 직책을 가지고 있는 필자에게는 이 세상을 혼자 살아가는 것이 아니라 이웃과 더불어 살아가되 자신을 잃지 않고, 행복한 삶을 살아가는 것이라는 의미로 다가온다. 역설적이지만 '함께 홀로서기'라고 말하고 싶다.

　인간은 '함께 홀로서기' 위해 많은 손길을 필요로 한다. 스스로 몸을 가누지 못하는 갓난아기 때야 말할 것도 없지만 어른이 되어서도 죽음 앞에서 홀로서기 어려운 역경을 만날 때마다 누군가의 도움을 기다리거나 기대한다. 이렇게 서로를 위해 이뤄지는 모든 관심과 따뜻한 손길, '돌봄'은 우리 삶 전반에 걸쳐 이루어진다.

　최근까지도 우리는 그 돌봄을 가족 내에서 해결해야 하는 사적 영역의 문제로 생각해왔다. 하지만 1인 가구 증가, 초고령 사회 등 인구·가족 구성의 변화는 돌봄의 개념을 한 개인 및 가족의 과제가 아닌 국가와 지방정부, 사회가 함께 책임지고 고민해 나가야 하는 공적 영역의 몫으로 돌리고 있다.

돌봄은 개인의 생존과 사회 존속에 필수적이다. 돌봄 없이 성장할 수 없고, 사회적·경제적 활동도 못 한다. 더 나아가 돌봄은 단순히 보살핌을 제공하는 일만이 아니라 우리 사회 구성원들이 건강하고 동등한 삶을 살아가게 한다.

이처럼 돌봄이 개인이 사회 안에서 건강하고 동등한 구성원으로 참여할 수 있도록 연결하기 위한 것이라면, 그 목적대로 지역사회를 중심으로 돌봄이 잘 작동하기 위한 연결망을 마련하고 돌봄 서비스를 필수적 공공재, 보편적 권리로 인식해야 한다.

정부는 그동안 긴급보육, 노인장기요양보험, 장애인활동지원 등 제도적 지원을 통해 돌봄 공백을 메우려 노력했으나 개별적 제도 운영 및 지역사회 서비스 인프라 부족 등으로 큰 힘을 발휘하기 어려웠다. 특히 코로나19에 따른 위기상황은 여전히 미흡한 공적 돌봄의 사각지대를 노출했다.

앞으로의 돌봄은 자신의 보금자리에서 본인이 원하는 사회서비스를 누리고 지역사회와 어울려 살아갈 수 있도록 주거, 의료, 요양, 독립생활 지원을 통합적으로 지원하는 지역주도형 사회서비스 정책이 우선되어야 한다. 아직 가야할 길이 많이 남아 있지만, 2018년 정부가 돌봄과 의료, 복지를 통합적으로 아우르는 '지역사회 통합돌봄' 선도사업을 마련해 16개 지자체에서 시작한 것은 분명 의미 있는 진전이다.

　　이러한 지역사회 기반 사업들이 성공적으로 추진되기 위해서 중앙
정부는 지역격차 해소를 위한 예산 및 인력 확충에 대한 통합적 제도를
적극적으로 마련하고, 지방정부는 정책을 이끄는 주체로서 민간기관, 시
민단체, 주민까지 모두 포함하는 수평적 연대와 협력이 가능한 생태계
를 갖추는 것이 중요하다. 또한, 지역 내 시설·기관뿐만 아니라 주민들
이 보유하고 있는 사회적 자본, 자원봉사 등 유·무형 자원을 적극적으
로 활용하여 정책의 지속가능성을 높여 나가야 한다.

　　위드 코로나 시대, '평등한 돌봄, 함께 홀로서기'를 위한 고민과 관
심이 더욱 간절하다. 가장 무서운 것은 감염병이 아닌 무관심일 수 있
다. 누구나 자신의 삶의 주인이 되어 홀로 설 수 있는, 그리하여 이웃과
더불어 행복하게 살아갈 수 있는 돌봄이 가득한 세상이기를 희망한다.

(이데일리 2021. 9. 10.)

MZ는 패기이자
희망이다

　지금도 머릿속에 선명하게 남아있는 10여 년 전쯤의 빅뉴스가 있다. 이민 2세가 아닌 21살의 모델 강승현이 세계슈퍼모델대회에서 1위에 오르며 전 세계의 스포트라이트를 한몸에 받았다는 소식이었다. 그때 봤던 그녀의 당당한 자세와 자신감 뿜는 강렬한 눈빛은 정말 인상적이었다. 더불어 김연아, 박지성, 싸이, 손흥민 등 걸출한 청년 세계 스타들이 줄을 이었고 마침내 방탄소년단(BTS)이 세계 한류 역사의 페이지를 넘기는 정점을 찍고 있다.

　최근 들어 소위 MZ세대, 2030 청년들의 물결이 거세다. 물줄기는 두 갈래인데 그들의 희망과 비전을 이끌어주지 못하는 시대와의 불화가 한 줄기고, 동전의 양면처럼 불화를 이겨내려는 치열한 분투가 4차 산업혁명이 부르는 변화무쌍과 맞물리면서 새로운 K-콘텐츠를 역동하는 긍정의 물결이 다른 한 줄기다. 이런 상황에서 전국적으로 MZ세대가 많

기로 소문난 관악구인 만큼 이들에 대한 특별한 관심을 기울이지 않을
수 없다. 지금도 책상 위에는 《K-를 생각한다》《포노 사피엔스》 등 청
년 현실을 분석한 책들이 쌓여 있다.

코로나19 위기에 대처하느라 눈코 뜰 새 없던 지난해 어느 날 젊은
아들이 보내준 유튜브 동영상을 보게 됐다. '범 내려온다'는 뮤직비디
오였는데 보고 또 봐도 질리지 않아 중독성이 생길 정도였다. 청년들은
랩, 재즈, 록 같은 비트 강한 서구 음악에만 익숙한 줄 알았는데 군밤타
령 같은 우리 가락에 춤을 곁들인 비디오가 세계를 강타하고 있다니 그
저 놀라울 뿐이었다.

그러다 바로 엊그제는 SNS(페이스북)에서 '서산 머드맥스'라는 동영
상에 감탄이 터졌다. 한국관광공사가 국제 홍보를 위해 만든 동영상이
라고 하는데 '매드맥스^{Mad Max} : 분노의 도로'라는 영화를 패러디해 한국

민요 '옹혜야'라는 배경음악과 함께 동네 주민들의 경운기 부대가 바지락을 캐러 가는 스토리를 영상화한 것이었다. 외국 관광객들에게 생소한 시골 서산을 홍보하기 위해 민요와 경운기라는 소재를 활용하고 기발한 독창성과 창의성을 발휘한 것이다. 요즘 청년 말대로 정말 힙하다.

'지옥고-지하방, 옥탑방, 고시원'과 '삼포세대-취업, 결혼, 출산 포기'로 대변되는 청년들의 현실적 고통을 해소하려면 '일자리(취업), 잠자리(주거), 놀 자리(삶의 질)'를 위한 강력한 청년지원 정책이 실행돼야 한다. 그러나 중앙정부에 비해 재원과 권한이 턱없는 지방정부에서 이를 만족시키는 정책을 수행하기란 안타깝지만 현실적으로 어려운 일이다. 그 한계를 최대한 극복하기 위해 신속히 추진한 정책이 '청년 네트워크 구축', '청년청 조성', '관천로 문화플랫폼 조성', '별빛내린천 경관 정비', '관악문화재단 조성' 등이다. K-콘텐츠를 주도할 창의력과 끼를 마음껏 키우고 발산할 수 있도록 인적 네트워크와 플랫폼 공간이라도 제대로 마련해주자는 취지였다.

가로등이 없어 길이 잘 보이지 않을 때처럼 불투명한 미래를 앞에 두고 젊음의 패기로만 무작정 걷는 길이 불안할 것은 당연하다. 다만, 어떤 경우에도 막다른 길은 없다. 꽉 막힌 것 같은 상황에서도 문 하나는 꼭 보이기 마련이다. '항구에 정박한 배는 안전하나 그것이 배의 존재 이유는 아니다'는 말은 경험상 청년들에게 매우 유효하다. 관악구의 청년 정책이 내일을 향한 힘찬 날갯짓을 하는 데 도움이 될 수 있기를 바란다.

(아주경제 2021. 10. 18.)

AI시대,
인재 양성은
선택 아닌 필수

지난 2016년 전세계인들이 지켜보는 가운데 대한민국 이세돌 9단과 구글 인공지능^{AI} 컴퓨터 프로그램 알파고의 바둑 대결이 펼쳐졌다. 대다수 전문가들이 이세돌 9단, 즉 인간의 승리를 점쳤지만 결과는 4대 1, 알파고의 승리로 끝났다. AI에 익숙하지 않았던 시절 이 대국을 바라보며 받았던 충격이 아직도 잊히지 않는다.

그로부터 불과 5년이라는 시간이 흘렀을 뿐인데 그새 인공지능, AI는 4차 산업혁명 핵심기술로서 산업, 경제, 사회, 문화 등 우리 생활 전반에 수많은 변화를 주도하면서 일상에서 누구나 사용하는 익숙한 단어가 됐다. 더구나 코로나19 사태의 장기화로 인해 강제적 일상이 돼버린 '비대면 사회'는 그 흐름을 한층 가속시키고 있다.

AI 스피커에 말만 하면 듣고 싶은 음악을 직접 골라 들려주고, 전문가 영역인 의료 영상정보를 AI가 엄청나게 빠른 속도로 판독해 정확하게 질병을 진단하기도 한다. 자동차 자율주행 시스템 기술도 더욱 안전한 일반화가 멀지 않았다. 영화에서만 보던 상상 속 일들이 현실로 다가오는 것이다.

이제 시간이 지날수록 AI는 인류가 사용하는 단순한 기술이나 도구를 넘어 모든 생활체계와 지적 탐구에 없어서는 안 될 철학으로까지 역할을 하게 될 것이 자명하다. 문제는 그러한 변화가 4차 산업혁명 시기를 지나면서 생각보다 훨씬 빠르고 예측하기 어렵게 일어나고 있다는 점이다. 이렇게 불확실한 미래 앞에서 우리가 선택할 수 있는 지혜란 먼저 대비하고, 먼저 행동하는 것이다. 미래 불확실성을 AI 강국이자 선진국 지위를 공고하게 다지는 확실성의 기회로 반전시키는 것이다.

그 변화와 반전을 주도할 핵심 자원은 무엇일까? 사람이다. AI 강국을 향한 AI 기술 구현은 해당 기술의 실행능력을 가진 인재 확보가 관건이다. 일은 데이터 가공과 분석 위에 올라선 AI가 하더라도 이것이 가능하도록 가치 있는 데이터를 찾아내고, 설계하는 것은 결국 사람이 해야 하기 때문이다. 특별한 재료나 자원이 없어도 오직 사람의 지식을 기반으로, 사람 그 자체가 시스템이 되어 각자 다른 결과물을 만들어내는 AI 산업은 결국 사람의 역량이 결과물의 수준을 결정하게 된다. 당연히 AI 시대 국가 경쟁력은 AI 인재가 결정하게 될 것이다.

세계 각국이 AI 인재 육성에 사활을 거는 것은 이 때문이다. AI 강국으로 손꼽히는 미국과 중국은 전방위적인 재정 투입과 인프라 구축 등을 통해 다방면으로 AI 인재 양성, 확보를 위한 각축을 벌이고 있다. 우리가 무엇보다 먼저 AI 인재 양성에 힘을 쏟아야 하고, 또 쏟고 있는 이유다.

이런 흐름에 발맞춰 관악구도 2021년부터 AI 인재 확보를 위한 발걸음에 동참했다. '관악 S밸리' 기반시설이자 서울대 캠퍼스타운 창업지원시설인 '창업HERE-RO3'에서 지역 내 고등학교 재학생을 대상으로 자율주행 로봇 실습을 통한 AI 기초 교육 프로그램을 진행하고 있는데 미래 AI 인재가 될 학생들의 호응이 대단히 뜨겁다는 말을 전해 듣는다.

AI 시대에 걸맞은 AI 인재 양성은 선택이 아닌 필수다. AI 인재 확보는 단기간에 해결될 수 없다. 몰아치는 AI 열풍에 마음이 급할지라도 AI 인재를 기르는 교육 정책과 제도를 차분히 만들어 나가며 세계 경쟁력을 지닌 우수한 인재 확보에 힘써야 한다. 한창 진행 중인 4차 산업혁명 시대에 대한민국이 AI 강국으로 세계에 우뚝 설 기회를 붙잡기를 기대한다.

캠퍼스타운 창업 HERE-RO3 AI교육장에서 수업중인 청소년들

3

관악,
내 마음의
고향

수구초심首丘初心
늘 처음처럼 초심을 잃지 않겠습니다!

관악구 청사 1층에는 구청장과 만나기를 원하는 주민이면 누구나 직접 만나 소통할 수 있는 공간인 관악청이 있다. 이곳에 주민들께서 들고 오는 민원을 경청하다 보면 대부분이 안타깝기 그지없는 사연들이다. 그때마다 그저 안 된다고 답하기보다 어떻게 대처하는 것이 주민을 위해 가장 정의로운 행정이 될지 고민하는 자세를 잃지 않으려 《정의란 무엇인가》를 자주 들친다.

(경향신문 2019. 9. 8.)

이순신 장군으로부터
배워야 할 것들

– 이순신 《난중일기》를 읽고

전남 고흥군 도화면 발포리에 '청렴일화비'가 있다. 이곳은 조선시대 수군의 발포진이 있었던 곳이다. 30대 청년장수 이순신이 발포만호로 있을 때 오동나무에 얽힌 일화를 기념하는 비석이다. 직속상관인 전라좌수사가 거문고를 만들기 위해 진영의 오동나무를 베려고 군사를 보냈는데 이순신 장군이 "이 나무는 관청의 재물로 오랫동안 잘 자란 것인데 누구도 함부로 베어갈 수 없다"며 막았다는 내용이다.

초등학교 때 교과서에서 이순신 장군을 처음 만났던 것이 바로 이 일화였다. 그때부터 '성웅 이순신 장군'에 관해서는 여러 경로로 끊임없이 접해왔다. 그러다 우연히 《난중일기》가 한 권 손에 들어왔다. 임진왜란이 일어났던 1592년 전라좌수사이던 장군이 그해 1월 1일부터 1598년 11월 19일 노량에서 서거하기 직전까지 쓰기 어려운 날을 빼고 그날그날 사건이나 소회를 간결한 일기 형식으로 남긴 《난중일기》는 백문불

청렴일화비

여일견百聞不如一見이라고 인간 이순신을 제대로 아는 데 부족함이 없었다. '초 1일, 맑다.'로 시작하는 일기는 무장다운 육중함과 지도자다운 박애정신, 자연인으로서의 번뇌가 '스펙터클하게 펼쳐지는 블락버스터'였다.

　　명량해전에서 13척의 배로 133척의 왜군과 대결할 때 가장 먼저 적진으로 뛰어들며 "안위야, 군법에 죽고 싶으냐?" 호통치는 장군의 솔선수범, 군율을 어긴 군사는 가차없이 베는 용단, 조국을 위한 충성심, 가족과 백성을 향한 애절한 사랑이 《난중일기》에 있었다. 임금인 선조를 향해 '신에게는 아직 열두 척의 배가 있고, 순신은 죽지 않았습니다'고 외치는 '사나이 순신의 배짱'이 거기에 있었다. 각설, 만약 누가 '조선시대에 태어났다면 무엇이 되고 싶냐' 묻는다면 '이순신 장군 밑의 정운, 나대용 같은 장수가 돼보고 싶다'고 답할 것이다.

(경향신문 2019. 9. 9.)

정의여,
강물처럼 흘러라

– 마이클 샌델《정의란 무엇인가》를 읽고

《정의란 무엇인가》를 읽었던 때는 2010년 제8대 서울시의회 의원
으로 처음 당선되고 얼마 안 돼서였다. 시의원이 되고 나니 이전에 관악
구의회 구의원이었을 때와는 문제를 인식하고 해결방안을 찾는 데 필요
한 시야의 깊이와 폭이 비교가 되지 않았다. 때마침 인식과 사고의 폭
을 넓힐 수 있을 것이라며 지인이 이 책을 건네주었다.

동서고금의 사건과 철학을 호출하며 정의가 무엇인지 고민하지만
예리한 칼로 두부 자르듯 정의正義가 무엇인지 정의定義하기란 마이클 샌
델 교수마저도 쉽지 않은 문제다. 세상의 모든 인식과 판단은 만인의 이
익과 입장에 따라 다르기 때문이다. 거기다 '내로남불-내가 하면 로맨
스, 남이 하면 불륜'까지 얹어지면 과연 지고지순한 정의가 있기나 한
것인지 낙심마저 하게 된다.

관악구 청사 1층에는 구청장과 만나기를 원하는 주민이면 누구나

직접 만나 소통할 수 있는 공간인 관악청이 있다. 이곳에 주민들께서 들고 오는 민원을 경청하다 보면 대부분이 안타깝기 그지없는 사연들이다. 그러나 공무원의 행정은 철저하게 법과 규정, 예산의 틀 안에서 집행돼야 한다. 만약 그렇지 않을 경우 예상되는 부작용은 굳이 논할 필요가 없을 것 같다.

그때마다 그저 안 된다고 답하기보다 어떻게 대처하는 것이 주민을 위해 가장 정의로운 행정이 될지 고민하는 자세를 잃지 않으려 《정의란 무엇인가》를 자주 들친다. 법과 규정을 다소 어겨서라도 주민의 안타까움을 덜어드리는 것이 정의인가, 그럼에도 불구하고 법과 규정을 칼같이 지키는 것이 정의인가? 자율주행차나 인공지능기술의 상용화가 임박한 것 같은데 기계장치가 아무리 훌륭하다 해도 인간의 윤리도덕적 판단까지 대신할 수 있을 것인가에 이르면 '정의란 무엇이어야 하는가'에 대한 고민은 더욱 깊어질 것이다.

(경향신문 2019. 9. 10.)

역지사지^{易地思之},
입장을 바꾸어 생각해보자

– 이청준 장편소설 《당신들의 천국》을 읽고

《당신들의 천국》은 감수성이 살아있던 청년 때 읽었는데 아직 여운이 진하게 남았을 만큼 명불허전이다. 아마도 내가 태어나 자랐던 섬 평일도(금일도)와 이 소설의 무대인 소록도가 가까이 붙어 있어서 더욱 그럴지도 모른다.

《당신들의 천국》을 통해 작가 이청준이 던지는 메시지는 역지사지易地思之, 입장을 바꿔 상대방 편에서 생각하라는 것이다. 일제시대부터 한센인들을 격리했던 소록도에서 실제 있었던 간척지 공사를 소재로 쓴 이 소설은 제목에 벌써 '당신들만의 천국이 아니라 우리 모두를 위한 천국을 만들자'는 함의가 숨어있다.

소설은 군사정권이 들어섰을 무렵인 1960년대 초반 현역 육군 대령 조백헌(실제 인물은 조창원 대령)이 국립 소록도병원 원장으로 '권총을 찬 채' 부임해오는 것으로 시작된다. 뚝심과 정의감 넘치는 신임 원장과 병원의 지식인 이상욱 과장, 한센인들을 대표하는 황 장로 등 세 사람을 축으로 한센인들을 위한 간척지 개간 사업 와중에 벌어지는 갈등과 사랑, 분쟁과 타협이 계속된다.

강자가 약자에게, 부자가 빈자에게 행하는 힘이나 건설하자고 주장하는 천국은 '사랑'에 기초해야 한다. 약자에 대한 사랑 없이 일방적으로 건설되는 천국은 그곳에 아무리 젖과 꿀이 넘칠지라도 '너와 나, 우리들의 천국'이 아니라는 것이 황 장로의 생각이다. 조백헌 원장과 황 장로가 끝없이 부딪히는 곳이 이 지점이다. '원수를 사랑하라'는 것도 강자에게는 자비지만 약자에게는 자칫 굴복으로 들릴 수도 있다.

《당신들의 천국》은 나 아닌 다른 사람을 그 사람의 입장에 서서 천연 그대로 사랑한다는 일이 얼마나 힘들고, 소중하고, 위대한 일인지 각성하는 계기였다. 지금 소록도에 가면 당시 한센인들의 고통을 상징했던 '메도 죽고 놓아도 죽는 바위'가 한하운의 시 '보리피리'를 안고 누워있다.

(경향신문 2019. 9. 11.)

사람은 누구나 존엄합니다

– 헤밍웨이 소설 《노인과 바다》를 읽고

흔히들 《노인과 바다》를 이야기하면 늙은 어부 산티아고의 승부근성부터 떠올린다. 문호 헤밍웨이가 우리에게 주려고 했던 가르침이 겨우 '포기하지 말고 끝까지 싸워 이겨라' 정도라면 굳이 문호를 붙일 이유가 없다. 《노인과 바다》에서 우리가 읽을 것은 자신의 존재에 스스로 가치를 부여하고 몰입하는 한 인간의 존엄성이다. 거기에 덤으로 소년 마놀린과 동일한 인간으로서 나누는 숭고한 우정과 사랑을 들 수 있겠다.

낚시는 흔하게 '기다림'과 등치된다. 84일을 허탕친 후 잡은 거대한 청새치, 이를 노리는 상어떼와 3일 밤낮으로 사투를 벌이는 노인 산티아고는 "인간은 패배하도록 만들어지지 않았어. 사람은 파멸 당할 수는 있을지언정 패배하지는 않아"라는 독백으로 사람이자 어부인 자신의 존엄성을 포기하지 않았다.

힘들게 잡으려 했던 청새치를 상어떼에게 모두 뜯겨 뼈만 남긴 채

기진맥진 겨우 항구로 돌아와 깊은 잠에 빠져든 노인은 여전히 사자꿈을 꾸었다. 잠에서 깨면 노인은 또다시 바다로 나갈 것이 분명한 꿈이다. 노인은 자신이 어부로서 바다 위에 있을 때 비로소 존재가치를 확인할 수 있기 때문이다.

"희망을 버린다는 것은 어리석은 짓이다. 어디 그뿐이랴. 그것은 크나큰 죄가 되지……. 고기를 죽인 것이 죄였는지 몰라. 하지만 그렇게 따진다면 무슨 일이든 다 죄가 되지. 고기는 고기가 되도록 태어난 것처럼 나는 어부가 되도록 태어난 거야. 성 베드로도 위대한 디마지오 선수의 아버지처럼 어부였단 말이다."

그러니 어느 곳, 어떤 자리에서 무슨 일을 하던 바다 위의 노인 산티아고처럼 해야 함을 잊지 말 일이다. 사족이지만, 기다리는 낚시의 정수는 고대 중국의 노인 강태공(太公望)이었다. 그가 강가에 드리운 낚싯대는 물고기가 아니라 자신의 때가 오기를 기다리는 세월을 낚고 있었다.

(뉴스1 2019. 7. 26.)

은천동 김 여사님,
고맙습니다

선거에 출마했다 낙선한 정치인이 배가 아파 병원에 갔는데 의사가 내시경으로 들여다보니 속이 온통 숯덩이처럼 시커멓게 타 있었다는 '웃픈' 유머가 있다. 선출직 정치인에게 낙선이 주는 충격은 직접 겪어보지 않으면 상상조차 어렵다. 낙선거사는 더욱 자신을 단련시켜 강인한 정치인으로 부활하기도 하지만 반대로 끝없는 나락으로 떨어지는 위험도 감수해야 한다. 다행히 과거보다 정밀해진 정치자금법과 일명 김영란법으로 인해 경제적 타격은 본인 하기에 따라 사정이 많이 개선되기는 했다.

그러나 그건 선거나 당선 후 정치활동 비용에 국한되는 이야기다. 정치에 입문하기 전부터 재력가였거나 튼튼한 직업적 배경으로 정치권에 영입돼 곧바로 당선의 길을 걷는 정치인과 달리 필자처럼 젊어서부터 지역에서 주민들과 고락을 함께하며 시민활동, 주민자치활동 등을 벌이다 정치인으로 변신하는 과정을 밟는 이들이 겪는 평소의 고충이 또한 만만치 않은데 그중 가장 큰 것이 아무래도 가족의 생계를 꾸려야 하는, 경제적 수입의 문제다.

언젠가 이룰 당선의 꿈을 안고 달리는 예비 직업정치인의 수입은 당연히 들쭉날쭉할 수밖에 없다. 그나마 가지고 있는 돈 까먹지나 않으면 다행이다. 도깨비 방망이도 없을진대 누군가가 그 공백을 대신해줘야 한다. 그 누군가는 대부분 배우자 말고는 답이 없다. 필자 역시 정치인 남편을 대신해 직장과 사업의 끈을 놓지 않았던 아내 덕분에 지금 구청장으로서 이 글을 쓸 수 있게 됐다. 그건 부정할 수 없는, 명백한 사실이다.

월급날이면 척척 생활비 꽂아 주는 남편, 주말이면 폼 나게 외식하러 나가자고 운전대를 잡는 남편, 휴가 받아 쌈박하게 제주도나 유럽행 비행기표를 들고 들어오는 남편, 보너스 받았다며 뜬금없는 돈봉투를 안기는 남편과는 거리가 멀어도 한참 먼 예비 정치인 남편을 대신해 생계를 꾸려야 하는, 때로는 낙선거사의 아픔까지도 온전히 함께 겪어내야 하는, 오히려 기죽어 있는 남편에게 힘내라며 간간이 특별 격려금(?)을 하사하는 자비도 베풀어야 하는 아내의 고충은 더 말하면 사족이다.

그 고난의 행진을 거쳐 민선 3, 4대 구의원에 연속 당선됐지만 그때는 교통비도 안 되는 활동비를 받는 것이 전부였기에 생계를 책임지지 못하는 것은 여전했다. 아내에 대해 미안한 마음의 짐과 아이들이 크면서 넓어지는 생계전선은 정비례로 커졌다. 다행히 뒤이어 민선 8대 서울시의원에 당선돼 다소간 월급을 받게 되면서부터 아내의 짐을 조금이나

마 덜어줄 수 있게 됐다. 그 지난했던 시간을 차마 여기에다 다 적을 수가 없다.

첩첩산중, 당선이 된 후라도 아내는 남편과 똑같이 엄격한 도덕적, 윤리적 삶의 잣대를 지녀야 한다. 동네 시장에 가서 누구와 부딪치더라도 먼저 사과하고 얼른 돌아서야 한다. 잦은 사생활 침해도 감수해야한다. 자녀들이 삐뚤어지지 않고 제 길을 잘 가도록 인도하는 등대 역할도 해야 한다. 이것저것 해야 한다. 정신없이 바쁘거나 꿈이 큰 남편 대신……

구청장에 당선된 후 처음 맞은 아내 생일, 케이크나 겨우 사 갔던 이전과 달리 55송이 장미꽃을 함께 샀다. 마음으로는 백만 송이 장미였다. 이심전심이었을까? 다른 부부들에게는 어쩌면 사소했을 그 꽃다발인데 아내는 무척이나 좋아했다. 그 모습을 보자니 마음이 또 미안해졌다. 그래서 드리는 말씀인데요, 서울특별시 관악구 은천동에 사시는 김여사님! 이것은 진심입니다. 많이 많이 고맙고, 항상 사랑합니데이!

(뉴스1 2019. 8. 9.)

명량,
지지 않는 싸움의 기술

〈15일 맑다. 조수를 타고 여러 장수들과 함께 진을 우수영 앞 바다
로 옮겼다. 그것은 벽파정 뒤에 명량이 있는데 수가 적은 우리 수군으
로서는 명량을 등지고 진을 칠 수가 없기 때문이다. 여러 장수들을 불
러 모아서 "병법에 이르기를 '죽으려 하면 살고 살려고 하면 죽는다.'고
하였고 또 '한 사람이 길목을 지키면 천 명도 두렵게 할 수 있다.'는 말
이 있다. 이는 모두 오늘의 우리를 두고 이른 말이다. 너희 여러 장수들
이 조금이라도 명령을 어긴다면 군율대로 시행해서 작은 일이라도 결코
용서하지 않겠다." 하고 엄하게 약속하였다. 밤에 신인神人이 꿈에 나타나
가르쳐주기를 "이렇게 하면 크게 이기고 이렇게 하면 진다." 하였다.〉

1597년 음력 9월 16일, 13척의 배로 왜군 함대 133척에 맞서 압승
을 거뒀던 명량대첩 하루 전날 썼던 충무공 이순신 장군의 《난중일기》
대목이다. 몹시 비장하다. 이전부터 장군은 진도와 해남 사이 좁은 해협

명량해전 재현 모습(해남군, 진도군 제공)

인 명량(울돌목) 인근을 오르내리며 왜군을 맞아 유리하게 싸울 전략 구
상에 여념이 없었다. 이순신 장군에 밝은 역사가에 따르면 임진왜란, 정
유재란을 통틀어 장군은 '46전 무패, 23전 23승'의 경이로운 전과를 남
겼는데 그 비결은 지기지피知己知彼였다. 장군은 전투를 벌이기 전에 항상
나를 알고 적을 살핌으로써 '이기는 싸움'을 치밀하게 준비했다. 그럼에
도 칠천량에서 조선 수군이 궤멸 당한 이후 겨우 남은 13척의 배로 최
후 일전을 준비하던 장군의 마음이 얼마나 간절했으면 저렇게 신이 돕
는 꿈까지 꾸며 잠을 뒤척였을까 싶다. 16일 대첩이 벌어졌을 당시 섬으
로 피난 가려던 백성들의 배 수백 척이 멀리 뒤에서 솥단지를 두드리고
함성을 지르며 우리 수군들을 응원했었다는 전문가의 말에는 눈시울마
저 뜨거워졌다.

아베 일본 수상의 경제보복에 맞춰 일본 각의가 백색국가 명단에

서 한국을 제외하기로 결의하면서 비상시국을 맞았다. 이에 따른 한일의 정면대결로 우리에게 상당한 시련이 예상된다. 피할 수 있었다면 최선이었겠지만 기왕에 닥친 위기라면 극복하는 길밖에 없다. 위기를 극복하면 늘 새로운 기회가 열리는 것을 안다면 그저 두려워하는 대신 위기와 대차게 맞서는 것도 필요하다. 지방자치단체장으로서 쉽게 할 말은 아니지만 궁즉통窮則通, 궁하면 통한다고 했다. 없으면 없는 대로 길이 생길 것으로 믿는다. 설령 길이 생기지 않더라도 스스로 길을 개척해야 한다.

먼저 우리 국민들은 대통령과 정부가 그 길을 잘 찾으리라 믿으며 차분히 각자 하는 일에 전념하는 것이 필요하다. 정부는 중장기적으로 일본의 영향력을 벗어날 기반 산업 경쟁력의 시급한 강화, 대 일본 강온 양면정책에 따른 협상 테이블 조성, 우리의 입장을 이해시키는 국제적 설득 등에 만전을 기하고, 국민들은 성숙한 민주주의의 힘으로 정부를 응원해야 한다. 그런 차원에서 구청장으로서 관내에 일본의 경제보복에 의한 직접적 피해를 입는 중소기업이나 선의의 피해를 입는 자영업자가 없는지 면밀히 살피고 그 피해를 최소화하도록 지원하는 방안을 찾는 등 마땅히 해야 할 일들을 빠짐없이 챙겨야겠다.

첨언컨대 무엇보다 이번 한일 양국의 대결에는 일본 국민 전체가 아니라 아베 총리와 그를 적극 지지하는 일본 극우세력과의 대결이라는 전선을 분명히 함으로써 일본 국민들의 반 아베 여론을 키우는 지혜가 절실하다. 그런 뜻에서 우리 모두는 "내가 이기는 이유는 적의 실수에 있고, 적이 이기는 이유는 나의 실수에 있다. 적이 나를 살피듯 나를 살피라"는 이순신 장군의 또 다른 가르침에 유념할 필요가 있겠다.

(뉴스1 2019. 8. 30.)

그 섬에
가고 싶다

남해안 섬이나 바닷가 사람들을 빗대 쓰이는 말이 있다. '00동네 사람들은 고춧가루 서 말 먹고 물속(뻘속) 삼십 리를 간다'는 것이다. 물론 이 말이 내포한 뜻은 '독하다'가 아니라 '강인하다'는 쪽이다. 봄, 여름, 가을은 당연하고 한겨울 북풍까지도 맞서며 사철 거친 바다와 씨름하다 보면 강인한 정신이 안 생길래야 안 생길 수 없는 곳이 그 동네들이니까.

남해바다에 새알처럼 떠있는 섬에서 나고 자랐던 나 역시 그런 사람 중 하나다. 지금은 인구가 많이 줄었지만 한창때는 3만여 명에 이를 만큼 반농반어로 번성했던 섬이었다. 이 말을 뒤집으면 남녀노소 불문 그만큼 일이 많았다는 뜻이다. 봄부터 가을까지 논농사, 밭농사 틈틈이 생계형 어부로 바빴고, 한겨울은 주수입원인 김 양식으로 더 바빴다. 농번기는 있어도 농한기는 없었던 섬, 초등학교 아이들도 학교에서 돌아오

전남 완도군 금일도(평일도) 전경(완도군 제공)

면 각자가 할 수 있는 집안일을 거들어야 했다.

　가장 신난 아이들은 집에 소가 있는 아이들이었다. 당시 섬의 소들
은 축산업이 아니라 경운기를 대신하는 농사꾼으로 집안의 가보 1호쯤
되는 재산이었다. 봄부터 가을 오후만 되면 학교에서 돌아온 아이들이
줄줄이 소를 끌고 인근의 들판이나 산으로 향했다. 일단 소들을 풀밭에
풀어놓으면 아이들 세상이 열렸다. 비석치기, 고누게임, 자치기, 말타기,
공기놀이 등 아이들의 놀거리는 셀 수 없이 많았다. 압권은 풀이 많은
들판을 걸고 옆 동네 아이들과 정기전을 벌였던 씨름이나 윷놀이 대항
전, 이날은 할 일 없는 동네 어르신들까지 나와 응원할 정도였다. 소가
없는 집 아이들도 나름대로 바빴다. 마을 앞 갯벌에 내려가 저녁 국거리
용 바지락이나 꼬막, 아버지가 낚시 미끼로 쓰실 갯지렁이를 캤고, 대나
무 끝에 낚싯줄을 매단 천대로 문저리(망둥어)나 붕장어, 심지어는 우럭

도 낚았다. 불쏘시개나 땔감을 구하러 산으로 가는 아이들도 있었다. 그것들은 그것들대로 아이들의 놀이였다.

육지와 달리 섬의 아이들에게 현금이 필요한 군것질은 쉽지 않았다. 그렇다고 아이들을 위한 주전부리가 없었던 것은 아니다. 겨울만 빼면 산딸기, 단감, 더덕, 칡, 맹감, 진달래꽃 등 천연 먹거리가 지천에 널렸다. 좀 더 큰 중학생 형들은 갓 잡아 올린 문저리(망둥어)를 통통 토막내 된장에 찍어 먹기를 즐기기도 했다. 겨울에는 어머니께서 밥 지으실 때 아궁이에 몇 개 던져서 구워주시는 군밤, 군감자, 군고구마가 있어 아이들의 입은 여전히 즐거웠다. 섬 출신들의 체력이 나이가 들어도 비교적 강인한 이유가 아마도 어렸을 적 이러한 '웰빙'에 있지는 않을까?

지금처럼 물질적으로 풍요롭지는 못했지만 가족과 마을공동체가 역력하게 살아있었다. 비록 사철 바쁘고 힘든 일상이었지만 설, 정월대보름, 단오, 추석 같은 명절이면 마을 어른들이 모여 3박 4일 농악놀이를 하며 온 동네를 돌았고, 청년들이 주최하는 마을 콩쿠르가 열렸다. 섬 곳곳에 씨름판이 벌어져 남녀노소의 환성과 탄식이 겹쳤다. 박치기왕 김일 선수의 레슬링이나 차범근, 김재한, 김진국이 뛰는 아시안컵 축구, 유제두 선수 권투 중계가 있는 날이면 동네마다 한두 대 있던 흑백텔레비전이 마당으로 나오는 축제가 벌어졌다.

물심양면으로 바쁘고 정신없는, 물질이 정신을 압도하는 서울의 일상 사이로 가끔 집 앞의 관악산에 올라 저 멀리 남쪽을 바라보자면 물질은 조금 부족했을지라도 인정人情은 넘쳤던 그 섬의 산과 바다를 누볐던 조무래기들이 눈앞에 아른거린다. 이제 곧 추석이다. 평일도(금일도), 그 섬에 가고 싶다.

(뉴스1 2020. 2. 14.)

끝까지 방심은 금물,
바둑에서 배우는 것들

우리 세대들이 특히 시골에서 보냈던 성장기는 지금과는 달라도 너무 달랐다. 지금 아이들처럼 핸드폰, 온라인게임은 언감생심 전자오락기나 롤러스케이트, 하다못해 인형이나 조립식 블록 같은 장난감마저 귀했다. 어린이 때는 나뭇가지를 장총 삼아 전쟁놀이를 하거나 구슬치기, 딱지치기가 대부분이었다. 청소년기에 접어들면 공부하는 짬짬이 즐겼던 오락이 몸을 부대끼는 씨름이나 머리를 쓰는 바둑, 장기였다. 때문에 우리 세대들은 씨름, 바둑, 장기라면 대부분 장문이나 축 정도는 젤줄 아는 초급 수준의 공통점을 갖고 있다.

바쁜 도시인으로 살게 되면서 느긋한 시간과 마음이 있어야 즐길수 있는 바둑, 장기와 멀어져 가끔 늦은 밤 TV로 프로기사들이 두는 것을 구경이나 하는 처지다. 그러나 바둑, 장기를 가까이 하면서 얻어들었던 지식과 교훈들은 이후의 삶에 경각심을 주는 경우가 많다. 바둑이든 장기든 인생이든 가장 경계해야 할 것은 '방심과 자만'이다. 제아무리 실력이 뛰어난 사람도 방심하는 순간 위기에 빠진다. 그런데 위기에 빠졌다고 낙담할 것은 없다. '신은 한쪽 문을 닫으면 한쪽 문을 열어주신다'고 위기에는 늘 기회가 함께 있다는 것도 바둑에서는 흔하게 목격된다. 대마불사^{大馬不死}라 해도 방심하면 대마가 죽고, 어느 순간 다 죽은 것 같았던 대마가 기사회생함으로써 전세가 순식간에 역전되는 것이다.

특히 정치와 행정에 입문한 이후로는 바둑이 주는 교훈 중에 '아생연후살타'^{我生然後殺他}를 처음으로 친다. '두 발로 땅을 단단히 딛고서 하늘의 별을 보라'는 철학적 가르침이 있는 교훈인데 바둑을 둘 때 상대방의 돌을 잡으려면 내 돌이 잡히지 않도록 먼저 단도리를 튼튼히 하라는 뜻이다. 지방행정가로서 어떤 상황에서도 생각을 깊이 하고, 미래에 아무리 좋은 규정이나 정책도 현실을 먼저 고려해야 한다는 것을 늘 염두에 두게 하는 교훈이다.

장기판에서도 마찬가지다. '훈수 두다 뺨 맞는다'고 하지만 훈수를 둘 수밖에 없는 것은 한 발 뒤에 떨어져 장기판 전체를 내려다보면 선수가 자기 수에만 빠져있어 못 보는 수가 훤히 보이기 때문이다. 어떤 문제가 꼬이고 안 풀릴 때면 그 속에서 헤매는 대신 멀리 빠져 나와 넓고 길게 문제를 대하면 의외로 쉽게 답을 찾게 되는 지혜가 장기판에 숨어있는 것이다.

서두에 어려서 씨름을 즐겼다고 했는데 씨름도 마찬가지다. 안다리든 밭다리든 들배지기든 씨름에서 이기는 기술은 대부분 공격해 들어오거나 방어하는 상대방의 힘을 내 힘과 함께 역이용해 구사하는 것들이다. 내 힘만 믿고 무작정 공격하다가 되치기 당하기 쉬운 것은 씨름뿐만 아니라 삶에서도 똑같이 적용되는 원리라서 사람 사이의 극심한 갈등관계를 풀어나갈 때 매우 유효한 가르침을 품고 있다.

코로나19 바이러스의 확산 방지에 정부와 국민 모두가 일치단결해 불철주야 노력하는 와중에 예정에 없던 여러 어려움을 겪고 있는 주민과 상인, 자영업자들을 위해 구청장으로서 더 할 수 있는 일이 무엇인지 고민하다가 '방심은 금물'이라는 생각에 이르러 때 아니게 바둑, 장기, 씨름 이야기를 하게 됐다. 위기는 항상 기회를 동반하는 바둑판의 순리대로 코로나19 바이러스 위기를 잘 극복하면 생각하지 못했던 기회가 올 것을 믿으며 끝까지 방심하지 말아야겠다.

(뉴스1 2020. 3. 13.)

프로는
디테일에 강하다

초등학교 때 교과서에 마을을 구해 영웅이 된 소년 이야기가 있었다. 바닷물을 막는 제방이 많은 네덜란드 동화였다. 한스 브링커라는 학생이 집에 돌아가다 제방에 손가락 크기의 작은 구멍이 뚫려 물이 새는 것을 발견하고 구멍이 더 커져 제방이 무너지는 것을 막으려고 어른들이 찾을 때까지 추위와 굶주림을 참으며 손과 팔목으로 구멍을 막았다는 이야기였다. '저 구멍이 커지면 제방이 무너지고 그렇게 되면 우리 마을이 모두 바닷물에 잠기게 될 것'이란 한스의 '디테일detail한 생각과 행동'이 동화가 가르치려는 교훈이었다. '디테일'을 우리말로 하면 '치밀함, 섬세함' 정도 될 것이다.

'악마는 디테일에 숨어있다'는 격언이 있다. 예로 든 동화처럼 어떤 정책이나 큰일을 계획하고 실행할 때 큰 그림만 보면서 세부적인 내용들을 꼼꼼하게 확인하지 않으면 계획에 차질을 빚거나 실패하기 쉬우니

세부사항을 치밀하게 챙기라는 뜻이다. 데생이나 스케치에 둔한 화가가 피카소 같은 거장이 될 수 없고, 홈런왕 야구선수의 훈련도 타격자세에서 출발한다.

같은 기업가라도 평사원부터 차근차근 실무를 익히며 성장한 사람과 갑자기 높은 자리에 앉은 사람의 경영능력이 같을 수 없다. 그런 탓으로 '프로는 디테일에 강하다'는 격언이 파생된 것 같다. 국민의 안전과 행복한 생활을 지켜야 하는 정치인이나 행정가라면 특히 멀리 보는 망원경과 자세히 보는 현미경을 같이 가져야 하는 이유다.

우리는 지금 이전에 겪어보지 못한 높은 전파력을 가진 코로나19 바이러스의 창궐로 전세계적인 공포와 혼란에 빠져있다. 세계보건기구 WHO도 마침내 팬데믹pandemic(대유행)을 선언하기에 이르렀다. 세계는 지금 바이러스와의 전쟁 최전선에서 전국민적 단합으로 한판 대결을 펼치고 있는 한국이 하루빨리 승리하기를 애타게 기다리는 형국이다.

상황이 상황인 만큼 좁게 보면 서울의 한 구를 책임지는 구청장이지만 넓게 보면 코로나19와 벌이는 지구 차원의 전쟁 최전선에 선 소부대의 리더로서 특별한 사명감이 생기지 않을 수 없다. 그런 이유로 확진자 선별, 방역, 치료, 서민경제 등 큰 정책과 별개로 바이러스의 전파를 막을 디테일을 챙기는 데 온 정신을 집중하고 있다.

효율적인 방역을 위해 서로 연결돼 있는 구청, 보건소, 별관 건물의 출입구를 본관 한 곳으로 제한했다. 손잡이가 달린 1층 출입문은 폐쇄하고 자동회전문만 이용하되 바로 앞에 열 감지기와 요소요소에 소독제를 배치했다. 엘리베이터 내부는 대화금지 게시문과 함께 손가락으로 누르는 번호판과 층별 단추에 항균 필름을 부착했다. 여러 사람의 손가

락이 닿는 지문인식출입장치도 일절 사용을 중단시켰다.

다수가 이용하는 각 사무실 출입문은 가능한 손잡이를 잡지 않게 열어두도록 하고 있다. 구내식당 식탁에는 식사 중 비말을 막기 위해 마주보는 중간에 가림막을 일일이 설치했다. 회의는 참가자 숫자를 불문하고 가급적 넓은 회의실을 이용하되 불요불급한 회의가 아니면 줄여나가고 있다. 함께 식사를 해야 할 때는 가급적 말을 아끼는 묵언식사를 권장하고 있다. 방역에 도움이 되는 디테일한 건의가 들어오면 아무리 사소한 것일지라도 반드시 실무 검토와 조치를 취하고 있다.

아마도 코로나 위기를 극복하고 나면 전염병이나 유사한 큰일이 발생할 경우 코리아는 디테일이 가장 강한 나라가 될 것이다. 디테일, 디테일…… 프로는 디테일에 강해야 한다. 혹시라도 손가락 크기의 구멍이나 작은 것을 놓치고 있지는 않은지 24시간 긴장하고 있다.

또 상 탔어?

공무원들이 직접 뽑은
'2019년 올해의 지방자치 CEO' 구청장 부문 수상에 부쳐

대놓고 하는 자기 자랑 같아 쑥스럽지만 초등학교부터 고등학교 다닐 때까지는 반장도 하고 학생회장(고등학교 때는 학도호국단장)도 했던 덕분에 학교에서 주는 이런 저런 상賞을 자주 받았었다. 그러나 서울로 상경해 대학을 다닐 때부터는 경쟁자들이 만만찮다 보니 상 하나 받기가 쉽지 않았다. 대학생 때부터 터를 잡고 살았던 관악구에서 청년 정치활동에 뛰어들었을 때도 역시 누가 상을 주거나 상을 바라고 하는 일이 아니라서 상을 받는 일은 그저 남일이었다.

내가 다시 상을 받기 시작한 것은 관악구 구의원 8년, 서울시 시의원 8년을 하면서였다. 상을 바라고 뛰었던 것은 아니지만 주민들을 위해 행정이 제대로 역할을 하도록 감시하고 견제하는 일을 열심히 하다 보니 자연스럽게 '의정대상'을 포함해 이런 저런 상들이 따라왔던 것 같다. 그러나 구의원, 시의원 때는 다른 어떤 상들보다 "어이, 박 의원! 이

번에 박 의원이 애쓴 덕분에 우리 동네 숙원 사업이 잘 해결됐어. 고마워!"라며 인사를 건네는 주민들의 '박수상'에 힘이 불끈 나곤 했었다.

그런데 2018년 7월 민선 7기 구청장이 된 후로는 주변에서 '또 상 탔어?'할 정도로 기관(구청)이나 단체장 자격으로 상이나 상에 준하는 공적 인증을 많이 받았다. 행정안전부의 정부혁신평가 장관표창, 공약 실천을 평가하는 매니페스토 지방선거부문 약속대상 최우수상을 필두로 강감찬 장군의 우리동네캐릭터 특별상, 대한민국주거복지문화대상, 도시농업우수사례 최우수상, 지방자치발전대상, 여성친화도시, 아동친화도시, 가족친화도시 선정 등 일일이 나열하기 어려울 정도다. 이 또한 상을 받기 위해 뛰었다기보다 관악구 공무원들과 주민들이 합심해 '더불어 으뜸 관악'을 실현하기 위해 최선을 다하다 보니 따라온 결과라고 생각한다.

그 많은 상이나 인증 중에 개인적으로 가장 뿌듯한 상을 들라면 '청년친화헌정대상'과 '올해의 지방자치 CEO상'을 들고 싶다. (사)청년과미래 주최 '2019 청년친화 헌정대상 정책부문 대상'은 1939 청년층 인구 비율이 가장 높은 관악구 특성 때문에 서울 자치구 최초로 청년정책과를 신설했을 만큼 청년정책을 강하게 추진했던 공을 인정받은 것 같아 보람이 컸다.

무엇보다 이 책의 소제목으로도 뽑힌 2019 '올해의 지방자치 CEO' 구청장 부문 선정은 개인적으로 무척 영광스런 상이 아닐 수 없다. 이 상은 선정과정부터 남달라 지방자치 전문가 50명이 서면심사와 투표를 통해 부문별 최종 후보 3배수를 뽑은 후 최종적으로 전국 지자체 부단체장, 기획부서장 등 공무원과 지역정책연구포럼 회원 등 모두 1,400여

명으로 구성된 투표인단의 투표를 거쳐 광역시장, 도지사, 시장, 군수, 구청장 등 5개 부문에서 각 1명씩 최종 수상자가 결정됐다고 하는데 외람되게도 필자가 구청장 부문 '올해의 CEO'로 선정된 것이다.

민선 7기 취임직후부터 지역경제, 골목상권, 청년경제, 낙성벤처밸리, 관악청 등등 관악구만의 특성을 살리는 차별화된 정책을 위해 있는힘을 다해 뛰었던 노력을 총체적으로 인정받은 것 같아 아주 오랫동안기분이 좋았던 상으로 기억된다. 꼭 상을 타기 위해 일을 하는 것은 아니지만 주민들을 위해 일을 열심히 했다는 증거로 따라오는 것이 상이라면 하루 열 개라도 사양하지 않고 받을 수 있도록 앞으로도 진정성을 가지고 최선을 다하겠다는 다짐을 이 지면을 빌려 기록해 놓는다.

임금님 귀는
당나귀 귀

　대부분 어렸을 때 들어 알고 있을 '임금님 귀는 당나귀 귀'라는 설화가 있다. 신라 경문왕은 왕이 된 후 귀가 당나귀처럼 길어졌는데 왕이 특급 비밀로 삼는 바람에 오직 왕의 모자를 만드는 신하(복두쟁이)만 그 사실을 알고 있었다. 그 신하는 평생 자기만 알고 있는 그 비밀을 남들에게 감히 말을 못해 답답해 하다가 죽을 날이 다가오자 도림사라는 절에 있는 대나무 숲으로 들어가 "임금님 귀는 당나귀 귀"라고 마음껏 소리를 쳤다.

　그때부터 바람이 부는 날이면 대나무 숲에서 '임금님 귀는 당나귀 귀'라는 소리가 울려 퍼져 왕이 대나무를 베어내고 산수유를 심게 했다고 한다. 요즈음 대학가나 직장인들이 온라인에서 끼리끼리 모여 익명으로 조직에 대해 자기가 하고 싶은 말을 마음껏 하는 공간을 '대나무 숲'이라고 이름 붙이는 것도 이 설화에서 유래한 것으로 보인다.

빛이 있으면 그림자가 있고, 산봉우리가 높으면 계곡도 깊은 것이 세상만사의 이치다. 주변의 지인들은 어려운 선거를 거쳐 구청장에 당선 됐으니 얼마나 좋겠냐며 날마다 웃는 일만 가득할 것으로 생각한다. 그러나 50만 구민들의 살림살이를 책임진 입장에서 난관에 부딪쳐 생각대로 진행되지 않는 사업계획, 조정되지 않는 주민 간 갈등, 정치적 의도를 담은 맹목적 비난이나 음해 등으로부터 받는 스트레스가 만만치 않게 크다.

구청장의 공식 업무와 관련해 받는 스트레스는 그 업무를 지혜롭게 해결해 나가면서 자연스레 풀리기 마련이다. 그러나 구청장 직을 그만두지 않으면 풀 길이 없는 스트레스 요인도 한두 가지가 아닌데 대표적인 것이 헌법에 보장된 '언론출판의 자유'를 제한 받는 것이다. 쉽게 말해 '마음껏 말할 자유'가 없다는 것이다.

온라인 공간에서든 오프라인 공간에서든 구청장의 발언은 구청 직원이나 주민들의 이해와 관련이 되는 경우가 많다. 그러므로 어떤 사안이든 생각 없이 함부로 말을 했다가는 뒷일 수습에 상당한 에너지를 쏟아부어야 한다. 심지어 아무리 많은 에너지를 써도 수습이 안 되는 경우도 많다. 늘 이점을 염두에 둬야 하므로 말 한마디 한마디를 조심하지 않을 수 없다. 구청장을 비롯 지방정부 공무원들이 평소에 주민들과 대화에서 "법과 규정에 따라서, 원칙과 조례에 따라서, 사례가 있는지 조사해서……" 같은 류의 말을 많이 할 수밖에 없는 이유다.

또 하나는 언제나 '품위'를 지켜야 한다는 것이다. 물론 누구에게든 단정한 복장에 말을 점잖게 하는 것은 사람관계의 기본이다. 그러나 선출직이자 임기직 공무원인 구청장에게 "에이, 그 사람 말 하는 것이나 행동거지가 형편없더라니까"라는 평판이 나면 좋을 게 하나도 없다. 더구나 요즈음은 누구나 여차하면 핸드폰으로 찍고 녹음해 SNS에 올리는 시대가 아닌가. '항상 방송국 카메라가 당신을 찍고 있다고 생각하라'는 업계 '선수'들의 충고가 농담이 아닌 것이다.

그러니 평소에 아무리 친한 사람들과 회의나 모임을 하더라도 말과 행동에 늘 신경을 써야 한다. 솔직히 고백하건대 이런 이유로 마음속과 다르게 말과 행동을 거꾸로 하는 경우도 가끔 있다. 이런 때는 어디 대나무 숲에라도 들어가 "임금님 귀는 당나귀 귀"라고 마음껏 외치면 속이 확 풀릴 것 같은데 우리 동네 관악산에는 울창한 대나무 숲 찾기도 힘들다.

저는 의리를
최고로 여기는 사람입니다

'의리, 신의, 역지사지, 이청득심'에 대하여

한창 자라던 학생 때 대통령이나 장군, 노벨상을 타는 과학자, 올림픽 금메달 등 거창한 장래목표를 세우고 책상 앞에 표어 한 개쯤 붙여놓았던 추억이 누구에게나 있을 것이다. 꿈이 대통령이라는 어린이에게 "대통령 되면 아빠 뭐 시켜줄래?"라고 묻자 "탕수육"이라 순진하게 대답하던 TV 광고만큼 대통령은 아이들에게 인기 있는 장래희망이다.

십중팔구 그런 꿈을 이루기 위해 빨간 망토를 어깨에 두르고 백마 위에서 알프스산 정상을 가리키는 나폴레옹 그림을 붙여놓고 그 밑에다 '나의 사전에 불가능은 없다, 뜻이 있는 곳에 길이 있다, 정신일도 하사불성精神─到 何事不成(정신을 집중하면 못 이룰 일이 없다)' 같은 표어를 붙여놓았을 것이다. 그것들을 가리켜 일명 삶의 신조를 뜻하는 좌우명座右銘이라고도 한다.

구청장이 된 후 어느 날 모 신문사 관악구 담당 기자와 인터뷰를

하게 됐다. 기자가 여러 질문을 하는 과정에서 불쑥 "좌우명이 무엇이냐"는 질문을 던졌다. 순간 당황했다. 소싯적에야 일부러 좌우명을 정해 책상머리에 붙였다지만 어른이 된 이후로는 군이 좌우명을 정하지 않더라도 지키고 본받아야 할 교훈들이 넘쳐났기에 얼른 대답을 할 수가 없었다. 그래서 그동안의 경험상 평소 삶과 처세에 중요하다고 생각하는 가치에 대해 이야기 했던 기억이 난다.

사람들은 흔히 정치와 정치인을 말할 때 '믿을 수 없다'는 말을 많이 한다. 그동안 우리 정치가 총체적으로 보여준 모습 때문일 수 있겠으나 오랫동안 정치를 경험한 사람으로서 '의리와 신의'를 갖추지 못해 '믿을 수 없는 사람'으로 낙인찍히면 반드시 유권자들의 심판을 받게 된다는 점 하나는 분명하게 말할 수 있다. 비단 정치인뿐이겠는가. 의리와 신의를 지키는 것은 나와 이웃이 공존하는 사회에 민폐를 끼치는 사람이 되지 않기 위해서라도 가장 필요한 덕목이라고 나는 굳게 믿는다.

그리고 평소 상대방과 입장을 바꿔서 생각해보라는 역지사지易地思之의 교훈을 잊지 않으려 노력한다. 어떤 사람에게 아무리 화가 나는 상황이라도 당사자 입장에서 곰곰이 생각해보면 그럴 수 있겠다 이해되고, 오히려 배려하는 마음이 생기면 상대방과의 신의가 훨씬 돈독해지는 것을 늘 경험하기 때문이다.

구청장에 당선된 후 '주민들과 직접 소통하는 구청장이 되겠다'는 공약을 지키기 위해 최대한 빨리 시작했던 일이 구청사 1층의 열린민원실 '관악청'이었다. 매주 정기적으로 민원이 있는 주민들과 만나는 일인데 구청장에게까지 들고 올 정도의 민원이라면 그 사안의 복잡성은 군이 말 안 해도 충분히 짐작이 갈 것이다. 해당 주민은 오로지 자신의 입

장에서 목소리를 높이기 마련인데 그걸 끝까지 경청하는 일이 생각보다 보통 힘들고 어려운 일이 아니다.

　바로 이때야말로 역지사지의 마음을 갖지 않으면 제대로 된 소통이 전혀 불가능하다. 구청에서 해결해줄 수 있는 능력이 되든 안 되든 일단 끝까지 들어드리면서 그분 입장이 돼 맞장구라도 쳐드리면 결국에는 "구청장이 들어라도 줘서 고맙다."는 칭찬을 듣게 되는 것이다. 코로나19 사태 때문에 중단한 것을 빼고 오랫동안 관악청을 지키면서 소중한 좌우명을 하나 더 얻었던 바, '경청함으로써 마음을 얻는다'는 이청득심以聽得心이 바로 그것이다.

관악산 마당바위에 서서

"산꼭대기 쳐다보면 못 오른다"는 어머님 말씀

농사도 짓고 고기도 잡는 남해안 섬에서 소싯적에 지게질은 기본에다 소가 끄는 쟁기질에 그물질까지 다 해보며 자랐다. '이랴 끌끌끌, 이랴 끌끌끌' 소를 부리며 쟁기질을 시작할 때면 '아이고, 이 밭을 언제 다 간다냐!'며 한숨부터 나왔다. 그때마다 어머니께서는 "아야, 밭이랑 쳐다보면 일 못 한다. 발등만 보고 나가거라."는 지혜를 나누어 주셨다. 그렇게 발등만 보면서 한 이랑 한 이랑 갈다 보면 어느새 드넓은 밭이 모두 갈아엎어져 있었다.

구청장이 된 이후 체력이 실력인 데다 복잡한 생각을 정리하거나 어려운 문제를 쉽게 풀 아이디어도 떠올릴 겸 주말마다 우리 동네 명산이자 수도권 산소공장인 관악산에 오르고 있다. 산 역시 '산꼭대기 쳐다보면 못 오른다. 발등만 보고 걸어라.'는 말이 있듯이 한 발 두 발 묵묵히 발 앞만 보면서 오르다 보면 어느새 능선에 오르고 꼭대기에 오르게

관악산 연주대

되는 것이다.

관악산 등산은 주로 청림동에서 출발해 남현동 까치고개를 거쳐 마당바위에 이르는 코스를 애용하고 있다. 그런데 예전에는 등산이라고 하면 무조건 산꼭대기를 밟아야 하는 것으로 생각해 꼭 연주대까지 올라가야 직성이 풀렸었다. 그런데 요즘은 중턱인 마당바위까지만 여유롭게 오르면서 등산로 주변의 나무, 풀, 꽃을 감상하거나 숲에 앉아 피톤치드 가득한 공기로 몸과 마음을 씻는 서너 시간의 산책 같은 등산이 훨씬 좋다. 지난 주말 산행 때 역시 마당바위에 앉아 산 아래를 바라보는데 문득 이런 생각이 들었다.

"그래, 저 멀리 광화문까지 쳐다보지 말고 오로지 발등 앞에 관악구만 보자. 관악구만 보며 뚜벅뚜벅 걷자. 그럼 어느 순간 '더불어 으뜸 관악'의 꿈도 이루어질 테고, 정말 일 잘하는 구청장이라는 주민들의 멋진 평가도 덩달아 받게 되겠지!"

관악산을 이렇게 중턱까지만 오르면 자연과 심신이 온전하게 하나가 되는 여유로움 속에서 지금껏 미처 생각하지 못했던 깨달음을 얻는 즐거움이 있다.

4

자치분권
이야기

우문현답愚問賢答

우리의 문제는 현장에 답이 있습니다

산업화 시대에는 빈약한 자원의 효율적인 투자와 빠른 성과 창출을 위해 중앙정부가 절대적인 권한을 가지는 것에 큰 이의를 제기하기 어려웠다. 그러나 4차 산업혁명시대마저 중앙정부가 과도한 권한을 독점하는 것은 국가경쟁력 제고에 결코 도움이 되지 않는다는 것이 이번 코로나19 바이러스 사태 속에서 여실히 증명이 됐다. 이제 우리도 스위스처럼 전국의 시군구 지방자치단체가 각자의 환경과 여건에서 지역 주민들이 최대한 '잘 먹고 잘 사는 정책'을 놓고 선의의 경쟁을 펼칠 수 있도록 자치분권 강화에 보다 적극적으로 나설 것을 강력히 희망한다.

(서울신문 2020. 8. 13.)

자치분권,
국가경쟁력 강화의 지름길

1945년 일제 식민지에서 해방된 신생 대한민국은 정치, 경제적으로 완전한 후진국이었다. 해방 세대들이 새마을운동을 기점으로 압축된 산업화에 나서면서 독일이 이룬 '라인강의 기적'에 빗대 '한강의 기적'이라 불릴 만큼 비약적인 경제 성장을 해냈다. 그 사이 산업화에 매몰됐던 민주화도 진전을 거듭해왔다. 세계는 이제 산업화와 정보화 시대를 넘어 제4차 산업혁명의 시대로 접어들었다.

산업화 시대에는 빈약한 자원의 효율적인 투자와 빠른 성과 창출을 위해 중앙정부가 절대적인 권한을 가지는 것에 큰 이의를 제기하기 어려웠다. 그러나 4차 산업혁명시대마저 중앙정부가 과도한 권한을 독점하는 것은 국가경쟁력 제고에 결코 도움이 되지 않는다는 것이 이번 코로나19 바이러스 사태 속에서 여실히 증명이 됐다.

앞으로 코로나19로 인해 또 어떤 어려움이 닥칠지 모르지만 최소한 현재까지는 국제적으로 성공을 인정받고 있는 'K방역'은 중앙정부(질병관리청), 지방정부, 의료진, 성숙한 시민의식이 결합되지 않았다면 불가능했다. 이 과정에서 특히 빈약한 재정에도 불구하고 고혈을 짜 과감하게 재난지원금 지원을 먼저 결정한 것은 지방정부였다. 서울시 관악구의 '청소차 개조 방역차'와 관내 양지병원의 '워크 스루'를 비롯해 고양시의 '드라이브 스루', 전주시의 '착한 임대료와 착한 소비, 해고 없는 상생 운동' 등 일일이 거론하기 어려운 창의적 조치들을 신속하게 도입한 것도 지방정부였다.

이처럼 코로나19 사태가 포스트 코로나 시대에 자치분권이 강화돼야 할 이유를 명확히 보여준 바, 이를 계기로 지방정부가 선제적으로 대응하고 정책화하는 자치행정 모델을 더욱 많은 영역으로 확산시킬 필요성이 커졌다. 이런 차원에서 2020년 1월 「지방이양일괄법」이 국회를 통과해 16개 부처, 46개 법률, 400개 사무에 대한 권한이 2021년 1월 지방정부에 이관되는 것은 자치분권 강화를 위해 더없이 훌륭한 계기가 될 것이라 믿는다. 이 또한 부족함을 보강하는 2차, 3차 법 제정이 지속적으로 이뤄져야 할 것이다.

우리보다 인구 1/5, 국토면적 1/2이 채 안 되는 스위스는 자타가 공인하는 선진국이자 경제적 강소국이다. 스위스의 이런 배경에는 발전된 자치분권과 민주주의 시스템이 절대적이다. 스위스의 직접민주주의 제도 중 하나인 '란츠게마인데'Landsgemeinde라는 주민총회는 주민이 직접 법률을 발의하거나 의회가 상정한 중요 법률과 세금, 제도 등을 결정한다. 이와 관련해 어떤 스위스 경제학자는 "스위스는 2,500개 이상 되는 지방정부가 서로 더 잘 살기 위해 끊임없이 경쟁을 하므로 잘 살 수

밖에 없다. 지방정부의 조세권도 충분하게 보장돼있고, 주민총회에서 반대하면 올림픽도 포기해야 한다. 어떤 사람은 자기에게 유리한 자치구로 이사를 가기도 한다"고 말한다.

스위스에서 특파원을 지냈던 맹찬형 기자의 저서《따뜻한 경쟁》에 따르면 스위스의 들판에서 풀을 뜯으며 목가적 풍경을 연출하는 소나 농가 지붕에서 자라는 화초는 지원금을 받는데 그 재원은 관광객으로부터 지방정부가 벌어들이는 돈이라고 한다. 이제 우리도 스위스처럼 전국의 시군구 지방정부가 각자의 환경과 여건에서 지역 주민들이 최대한 '잘 먹고 잘 사는 정책'을 놓고 선의의 경쟁을 펼칠 수 있도록 자치분권 강화에 보다 적극적으로 나설 것을 강력히 희망한다.

(서울신문 2020. 8. 20.)

통치^{統治}에서
자치^{自治}로

2020년 5월 18일, 광주민주화운동 40주년 기념식 참석차 광주^{光州}에 모였던 광역자치단체장들이 대한민국시도지사협의회 제45차 총회를 광주 국립아시아문화전당에서 연 후 공동성명서를 채택했다.

성명에는 "포스트 코로나 시대를 맞아 지방의 자치분권을 강화해 현장 대응성을 높이고 중앙정부와 상시 협력 체계를 강화하기 위해 21대 국회에서 지방분권정책을 추진하도록 '지방분권특별위원회'를 설치하라"고 촉구했다. "헌법이 개정될 경우 '자치와 분권'을 명확히 밝혀야 한다"고도 강조했다.

더욱 중요한 것은 '지방자치단체'라는 용어는 지방정부 위상에 걸맞지 않는 중앙정부 관점의 용어이므로 '지방정부'로 바꿔 위상을 높이고, 지방의 자치입법권, 자주재정권, 자치행정권 및 자치조직권을 보장하는 내용을 포함하라는 것이다. 필자는 지난 '자치분권, 국가경쟁력 강화의 지름길' 글에서 언급했듯이 벌써 '지방정부'라고 지칭하면서 시작했다는 것을 강조하고 싶다.

자치분권自治分權의 자치에 반대되는 용어는 통치統治다. '대통령의 통치행위'라고 흔하게 쓰이는 통치의 뜻을 사전에서 찾아보면 "(1)원수元首나 지배자가 주권을 행사하여 국토나 국민을 다스림. (2)나라나 지역을 도맡아 다스림"이다. 통치는 다분히 '일방적 지배, 다스림'의 뜻을 가지고 있다. 반면에 자치는 "(1)일반적으로 지방 공공 단체가 어느 정도 국가 의사로부터 독립하여, 공선公選된 사람에 의하여 국가로부터 위임받은 행정 업무를 수행하는 일. (2)자기의 일을 스스로 처리함"이다. 자치는 '스스로'의 뜻이 강하다.

결론적으로 자치분권 또는 지방자치란 지방정부와 지역주민이 지역문제의 해결방안을 스스로의 권리와 책임 아래 주체적으로 결정하는 것이다. 이럴 경우 중앙정부에서 획일적으로 정하는 정책이 각자 조건과 환경이 다른 모든 지방에 동일하게 적용되는 것이 아니라 지방마다 자신들에게 가장 알맞은 정책을 찾게 됨으로써 정책의 효과를 극대화시킬 수가 있다.

여기서 왜 통치보다 자치가 효과적인지 쉬운 예를 들어보겠다. 우리 관악구 청룡동에 구유지인 빈 땅이 있다고 치자. 구청에서 여러 검토 결과 그 땅에 주민들을 위한 조그만 체육관을 짓는 것이 적당하다는 결론을 도출했다. 이 경우 해당지역 주민들 중 탁구동호회에서 활동 중인 사람들은 당연히 실내 탁구장을 지어야 한다고 주장할 것이다. 반면 배드민턴을 즐기는 사람들은 실내 배드민턴장을 주장할 것이다.

이 경우 중앙집권이 강하면 지방의 공무원은 향후 책임 문제 상

'규정'에 얽매여 어떤 결정도 내리기 힘들다. 어느 쪽으로 결정이 되든 반대 쪽 주민들의 '민원'이 빗발칠 것이기 때문이다. 결국 그 땅은 흐지부지 빈 땅으로 오랫동안 있게 되든가 전혀 새로운 다른 시설의 건립으로 결정날 확률이 높다.

만약 자치분권이 활성화돼 주민들이 머리를 맞대고 자유롭게 의사결정을 할 수 있는 조건이라면 주민들 스스로 타협안을 만들 수 있을 것이다. 가령 탁구와 배드민턴을 번갈아 할 수 있는 시설로 짓는다거나, 조금 좁더라도 공간을 절반씩 나누는 방안들이 나올 수 있다. 이렇게 되면 해당 지방공무원은 자신의 책임에 아무런 부담 없이 주민들의 결정에 따르게 될 것이다. 주택가 자투리땅에 주차장을 지을지 꽃을 가꿔 공원으로 만들지도 마찬가지다.

지방행정의 일선 현장에는 크고 작은 이런 문제들이 산적해있다.

관악구의 경우 2030 청년층 인구비율(40.5%)이 전국에서 가장 높다. 이들에 대한 정책결정을 지방공무원들이 알아서 결정하는 것은 효율의 한계가 명백하다. 공무원들이 100% 청년의 입장에서 청년의 문제를 이해하고 정책결정을 하기 어렵기 때문이다. 그래서 도입한 제도가 '청년 정책위원회'다. 관악구의 청년들이 함께 모여 자신들의 고민을 나누고 자신들과 관련된 정책수립과 예산 반영에 직·간접적으로 참여하도록 하는 것인데 공무원들이 정책을 단독으로 결정하는 경우보다 청년들의 만족도가 높은 것은 당연하다.

공동성명서를 낸 광역자치단체장들이나 기초자치단체장들이 틈만 나면 '지방정부 독립성 강화, 자치분권 강화'를 주장하는 이유가 여기에 있다. 그렇게 된다면 결국 지역주민들에게 만족도와 정책의 효과성을 높일 수 있을 것이다.

(서울신문 2020. 8. 27.)

자치분권의 핵심은
지방재정 강화

2020년 전 세계를 강타한 코로나19 사태로 경기침체가 이어져 골목상권과 자영업 경기가 꽁꽁 얼어붙었다. 위기의 순간에 시장에 돈을 풀어 경기활성화를 위한 '긴급재난지원금' 지급을 가장 먼저 제안한 것은 놀랍게도 한 지방정부의 장이었다. 국가재정 악화를 걱정해 기획재정부와 중앙정부, 청와대가 머뭇거릴 때 과감하게 재난지원금을 시민들에게 지급하기로 결정한 것도 자체 예산으로는 늘 살림에 쪼들리는 지방정부들이었다. 지방정부마다 재정사정이 천차만별이라 재정이 열악한 일부 지방정부는 정말이지 고혈을 짜냈을 것이다.

지방정부의 핵심역할은 지역주민을 위한 공공행정이다. 행정은 살림살이, 이를 움직이는 것은 돈(재정)이다. 재정 관점에서 볼 때 지금 우리나라 실정은 국가를 움직이는 에너지가 지나치게 머리(중앙정부)에 몰려있는 대신 손발(지방정부)에는 몹시 인색하다. 그러나 이번 코로나19 사

태에서도 경험했듯이 지방정부 없는 'K방역'은 불가능했다. 몸에 필요한 영양분은 머리, 손, 발 할 것 없이 골고루 공급되어야 한다.

현 정부가 목표로 상정한 중앙정부 대 지방정부의 재정비율은 2022년까지 7:3으로 조정한 후 6:4 수준까지 개선한다는 것으로 알고 있다. 장차 6:4 배분을 넘어 궁극적으로 5:5까지 가야 지방정부마다의 차별화된 경쟁력 강화를 이끄는 자치분권이 가능할 것이다.

서울시 25개 자치구 중 세입이 풍부한 강남구, 서초구 등을 제외한 대부분 자치구들의 예산 사정을 보면 본예산 중에 인건비, 시설운영비 등 당연히 지출이 정해져 있는 법정·의무적 경비, 복지 분야 등의 국·시비 매칭 사업비 등을 뺀 순수가용재원은 자치분권이란 말을 꺼내기가 무색할 정도로 적다. 고정경비를 빼면 구청장이 자의적, 창의적, 차별적으로 정책을 기획하고, 예산을 집행할 수 있는 돈이 거의 없다는 말이다. 물론 어쩔 수 없는 상황이긴 하나 코로나19 사태로 인해 재난지원에 모든 자원을 최우선적으로 쏟아부어야 하는 2020년은 더욱 더 재정적 자치분권의 출구를 틀어막아 버렸다.

주변의 한 전문가에 따르면 자치분권의 남다른 발전이 국가경쟁력 강화로 이어지는 스위스의 비결은 연방정부와 지방정부(칸톤, 게마인데) 간 재정의 수입과 지출이 균형을 이루도록 조세(국세, 지방세)제도가 매우 섬세하게 작동하고 있는 것이 첫 번째라고 한다. 연방정부의 세입과 지방정부의 세입이 거의 대등하다는 것이다.

다시 말하지만 공공행정의 에너지는 재정이다. 지방정부가 제아무리 기막힌 정책과 제도, 창의적 서비스를 기획해도 이를 실행할 수 있는 재원이 없다면 자치분권은 공염불에 그치고 만다. 간혹 이런 실정을 자세히 모르는 지역 주민 중 1년 예산이 몇 천억이라고 하면 '아이구, 그 많은 돈을 다 어디다 쓰면서 우리에게는 이렇게 인색하냐'고 말씀하시는 분을 만나는데 수입과 지출을 일일이 설명해드릴 수도 없고 그저 답답할 뿐이다.

지방정부의 선출직 공무원인 장들의 열정은 다음 선거를 위해서도 뜨겁지 않을 수가 없다. 이들이 각자 책임 맡은 지방정부의 독자적인 조건과 환경을 효율적으로 활용하는 토대가 절실하다. 지방산업 발전, 주민복지 향상, 살기 좋은 공동체 인프라 구축, 차세대 인재육성 등을 놓고 지방정부가 치열하게 경쟁할 수 있도록 중앙과 지방 간 조세 저울의 무게중심을 맞추는 논의가 필요한 시점이다.

(서울신문 2020. 9. 1.)

적재적소 인사를 위한
조직 운영

흔히들 인사를 만사라고 한다. 사람을 통해서 목표한 바를 이루어내는 인사人事행정에서 필자가 가장 강조하는 단어는 '적재적소適材適所'이다. 어떤 자리가 요구하는 능력과 개인이 보유하고 있는 능력이 최대한 일치하도록 인사정책을 펼쳐야 한다는 뜻이다. 정부 기관이나 민간 기업이든 실패를 막고 성공을 기약하려면 최고 책임자는 '인사가 만사萬事다'라는 교훈을 항상 염두에 둬야 한다.

현실적으로 지방정부 장들이 가장 스트레스를 많이 받는 업무 또한 인사에 관한 것들이다. 소소하게 만들어지는 관내 공공 일자리에 직원을 신규로 채용하는 경우 공평무사한 경쟁을 위해 가끔 들어오는 주변 사람들의 인사 청탁을 효과적(?)으로 차단해야 하는 일이 그렇다. 특히 매년 상·하반기로 하는 승진인사의 경우 자리는 한정되어 있고 대상자는 많아 승진에서 탈락하는 직원들의 입장을 생각하자면 스트레스가 이만저만이 아니다.

　구청장이 원하는 대로 조직을 꾸리고 인재채용도 할 수 있다면 좋겠지만 중앙정부에서 이를 통제하기 때문에 그렇게 하기는 어렵다. 특별시 자치구의 경우 최상부 조직인 본청의 국局, 실室은 최대 6개까지만 둘 수 있게 대통령령으로 정하고 있다. 쉽게 말해 지방공무원 4급 서기관書記官 국·실장은 최대 6명까지만 임명할 수 있는 것이다. 과課 이하 조직은 비교적 자율권이 있지만 과를 구성하는 최소 팀 수와 정원(현재는 12명 이상) 등에 관한 기준지침이 있어 구청장 자의대로 국 단위 조직을 꾸리기가 현실적으로 쉽지 않다.

　여기에 또 중앙정부가 정하는 '기준 인건비'라는 제한이 있다. 지방정부의 장이 재정상황을 무시하면서 자기 멋대로 방만하게 조직을 운영하는 것을 막기 위해 중앙정부가 해당 지방정부가 1년 동안 쓸 수 있는 인건비 예산 한도를 사전에 정해주는 제도다. 지방정부 장이 선출직이므로 이 제도의 취지는 충분히 공감하고도 남는다.

　그러나 이 역시 각 지방정부의 특수성을 감안해 인건비 총예산을 상호 협의하는 시스템이 아니다보니 실제 지방정부에 꼭 필요한 인재들을 영입하는 데 어려움이 발생하기도 한다.

　따라서 중앙정부가 지방정부의 '기준 인건비'를 정할 때 지금처럼 일방적, 획일적 규정에 따른 '금액' 위주로 특정할 것이 아니다. 각 지방정부와의 협의를 거쳐 각자의 특수성이 반영될 수 있도록 기준 인건비 산정 방식을 개선하여 지방정부의 인사 자율성이 보다 강화됐으면 좋겠다.

　현재는 기준 인건비 한도 때문에 못하고 있지만 만약 가능한 상황이 된다면 민선 7기 구청장 1호 공약인 '지역경제 활성화'를 위해 이 분야 전문 고급 인재를 최우선적으로 영입할 것이다. 그런데 자치분권의 이런 모든 문제들이 결국은 가용 재원의 문제로 귀결되는 터라 지방재정의 강화가 선결 과제로 떠오르는 것이다.

(서울신문 2020. 9. 9.)

'더불어 으뜸 관악'으로 가는
급행열차, 교육자치

관악구는 '강감찬 도시' 브랜드를 표방하고 있다. 지하철 2호선 강감찬역(낙성대역)과 강감찬대로(남부순환로), 강감찬기념공원(낙성대공원) 등 강감찬 도시 브랜드가 날로 확장되고 있다. 귀주대첩의 고려 명장 강감찬 장군이 태어난 곳이 관악구 낙성대落星垈이기 때문이다. 그런데 타 지역 주민들에게 우리 관악구에 대해 물으면 십중팔구가 '관악산, 서울대학교'를 꼽는다. 그도 그럴 것이 이 두 자산에 대해서는 우리 관악구가 가만히 있어도 중앙정부는 물론 서울시민과 전 국민들이 나서서 평가와 홍보를 해주기 때문이다.

서울과 남부 수도권의 중심을 가르며 시민들에게 자연환경과 건강을 선물하는 관악산은 울창한 숲과 기암괴석들이 훼손되지 않도록 잘 가꿔나가 시민들이 편리하게 이용하고 접근할 수 있다. 이만큼 지방정부가 할 수 있는 관리에 최선을 다하고 있으므로 크게 문제될 것이 없다.

그런데 관악구 남쪽, 관악산 자락에 웅장하게 들어서있는 서울대학교에 이르면 사정이 달라진다. 관악 자치정부 장으로서 아쉬움이 너무 크기 때문이다.

"누가 조국으로 가는 길을 묻거든 눈 들어 관악을 보게 하라."

1970년대 서울대 관악캠퍼스 시대가 열리면서 정희성 시인이 쓴 축시의 일부인데 '우리나라의 미래가 관악구에 있는 서울대학교 인재들에게 달려있다'는 뜻이라고 한다. 이렇게 자타가 공인하는 국내 최고 대학이 지역 공동체로서 협력관계를 잘만 활용하면 우리 관악구가 다른 어느 지역보다 살고 싶은 도시가 될 수 있을 텐데, 한계 많은 '교육자치'의 여러 여건상 그게 쉽지가 않다.

우리 관악구는 2030 청년층 인구가 40%를 넘는다. 취업, 결혼, 출산과 연계되는 청년문제 해결은 장기적으로 인구절벽 문제까지 염두에 둬야 하는 국가적 과제다. 그런데 청년들이 어렵게 결혼을 해도 출산에 주저하는 주요 이유는 주거는 물론 자녀교육에 너무 많은 비용을 감당해야 하기 때문이다. 북유럽 노르딕 국가들처럼 '아이를 낳기만 하라. 나라에서 가르치고 키워주겠다'는 철학을 지방정부가 구현할 수만 있다면 지방정부가 그릴 수 있는 그림은 너무 많다.

물론 지금도 '관악구-서울대 학·관 협력발전을 위한 공동협의체'가 구성되어 있다. 관내 초·중·고등학교 학생들과 주민을 위한 SAM 멘토링, C-lab 창업영재캠프, 청소년 공학캠프, 창의예술 영재교육원, 영세사업가 무상 경영컨설팅, 관악시민대학 등 다양한 프로그램들이 운영되고 있다. 그러나 교육재정이 중앙정부에 집중돼있어 지방정부의 관내 학교에 대한 교육지원 사업 예산이 한정되다보니 교육의 기초부터 타

지역과 차별화하는 정책은 아예 생각할 수가 없다.

만약, 교육에 관한 재정과 권한이 제대로 위임되는 교육자치가 가능해지면 우리 관악구의 경우 서울대학교와 함께 관내 어린이집과 유치원부터 초·중·고등학교까지 타 지역과 차별화된 교육 프로그램을 체계적으로 제공할 수가 있을 것이다. 물론 미래를 위한 투자 차원의 복지정책으로 양육비와 교육비 등도 부모 부담을 최대한 덜어주려 노력하게될 것이다.

또한 서울대학교의 우수한 인적자원이 지역에서 스타트업과 창업의 기반이 조성된다면 테헤란로나 판교, G밸리 등으로 떠나지는 않을 것이다. 대신 관악구에서 추진 중인 낙성벤처밸리에 정주하게 함으로써지역경제를 발전시키는 선순환 구조를 이루게 되면 관악은 청년들이 취업·결혼·출산·양육·교육을 위해 가장 살고 싶은 도시로 발전할 것임은 불을 보는 것처럼 뻔하다.

관악구와 서울대학교가 머리를 맞대고 지원하는 유·초·중·고등학
교의 양육 및 교육 시스템, 서울대학교를 졸업한 인재들이 모여 세계적
인 첨단산업단지를 이루는 낙성벤처밸리, 천혜의 자연이자 서울의 산소
공장 관악산이 어우러져 전국에서 가장 살기 좋은 '더불어 으뜸 관악'
이 명실공히 교육자치로부터 시작되는 그날이 오기를 손꼽아 기다린다.

(서울신문 2020. 9. 17.)

자치분권의 정점은
자치입법이다

　　지방정부의 자치분권을 완성하는 데 있어서 지방의회의 독립적인 자치역량을 확보하는 것도 자치행정 못지않게 매우 중요한 관건이다. 현재 우리나라는 광역, 기초 의회 의원들을 주민들이 선거를 통해 직접 선출하고 있다. 선출된 의원들은 지방정부(집행부)의 행정사무감사 등을 통해 감시와 견제를 하는 한편 조례 제정 기능을 가짐으로써 입법기관의 지위를 확보하고 있다.

　　나아가 지방정부(지방자치단체)장과 지방의원에게 실정의 책임을 물어 임기 중 주민들이 투표를 통해 해임할 수 있는 주민소환제住民召還制도 마련돼 있다. 표면적으로 보면 독립적인 지방의회로서 면모를 갖추고 있지만 실제 운영 단계에서는 자치분권에 걸맞은 독립적 입법 역량을 발휘하는 데 한계가 많다.

　　이를 극복하기 위해서는 첫째, 지방의회가 중앙정치(국회)에 예속될

수밖에 없는 현행 정당 공천 제도의 보완이 필요하다. 특별한 경우겠지만 현 제도 아래서 지방선거가 특정 정당의 과반을 넘는 일방적 승리로 이어지면 중앙정치의 입김은 더욱 세지는 반면 의회의 집행부에 대한 감시와 견제 기능은 반비례로 약화될 가능성도 높다.

　　이런 문제를 극복하기 위해 지방의회 의원은 정당 공천을 배제하는 방식도 도입해 봤었지만 만족할 만한 성과를 얻지 못한 채 정당 공천 시스템으로 회귀했다. 향후 어떤 방식으로든 지방의회 의원들이 중앙정치로부터 독립돼 오직 주민들 입장에서 의정활동을 할 수 있도록 제도가 정비돼야 주민자치 본연의 지방의회 기능이 온전하게 작동할 수 있을 것이다.

둘째, 지방의원의 입법과 의정활동을 지원하는 의회 내 전문위원 및 사무처 직원 등에 대한 인사권이 지방의회(의장)에 주어져야 한다. 현재는 이들에 대한 인사권이 집행부(단체장)에 주어짐으로써 의회와 지원인력 간 유기적 협력관계 형성에 도움이 되지 않고 있다.

셋째, 자치입법권을 명실상부하게 확대해야 한다. 사실상 이 부분이 자치분권의 가장 핵심적 요소라 해도 과언이 아니다. 현재 각 지방의회는 해당 지방의 환경과 주민들의 요구에 맞춰 차별화된 조례를 제정할 수는 있지만 국회가 제정한 법률의 테두리를 벗어날 수 없을 뿐만 아니라 독자적으로 제정할 수 있는 조례의 범위도 매우 한정적이다. 자치분권이 활성화된 스위스나 미국의 주州 의회처럼 안보, 외교 등 국가적 사안이 아닌 주민생활과 직결된 분야는 각 지방의회가 독립적으로 자기 지역의 조건과 주민들의 요구에 최적한 입법을 하는 것이 자치분권의 본질임은 자명하다.

만약 자치입법이 현실화된다면 각 지방의회는 관광, 제조, 서비스, 농축산, 해양, 벤처, 스타트업 등 자신들의 지역에 유리한 산업 육성과 우량기업 유치를 통해 주민들의 소득과 일자리 증대, 복리후생을 높이기 위한 법과 제도를 놓고 치열하게 경쟁하게 될 것이다. 또한 어르신들이 많은 지역, 청년층이 많은 지역, 신혼부부가 많은 지역, 맞벌이 가구가 많은 지역 등 해당 지역의 인구특성에 맞춘 생활편의, 육아, 교육, 주거 등에 대한 지원정책을 다른 지역과 차별화해 시행할 수 있게 될 것이다.

자치분권의 정점은 자치입법이다. 각 지방정부의 집행부와 의회는 유권자들의 재평가를 받기 위한 무거운 책임감과 함께 지역 발전을 견인한다는 보람과 사명으로 지금보다 훨씬 열정적인 활동을 펼치게 될 것임을 확신한다.

(서울신문 2020. 9. 23.)

자치분권 없으면
지방 혁신도 없다

경기도 가평군을 흐르는 북한강에 자라섬이 있다. 1943년 청평댐이 완공되면서 남이섬과 함께 생겼던 이 섬은 비가 많이 오면 잠기는 바람에 오랫동안 버려진 무인도로 잠들어 있었다. 그런데 문화예술기획 전문가인 인재진 감독이 이 섬에 손을 대자 그야말로 상전벽해가 일어났다. 매년 세계적인 '자라섬 재즈 페스티벌'이 열리는 관광명소로 탈바꿈하게 된 것이다.

재즈 페스티벌이 대성공을 거두자 가평군은 이 섬에 오토캠핑장, 자연생태공원 등을 조성하고, 바로 옆 남이섬의 '나미나라 공화국'과 연계한 숙소, 먹거리촌 등을 갖춤으로써 사시사철 관광객의 발길이 끊이지 않는 일급 휴양지로 발전시켰다. 관광수입이 가평군 지방재정에 큰 보탬이 될 것은 당연하다.

중요한 것은 이러한 성과가 인재진 감독 한 사람의 힘으로 이뤄진 것이 아니라는 것이다. 기획과 준비단계에서 가능한 모든 지원과 노력을 아끼지 않은 가평군 공무원들이 아니었다면 자라섬의 대변신은 불가능했다. 심지어 그들은 인 감독이 자금난 등으로 프로젝트를 포기하려 했을 때 십시일반으로, 빚을 내면서까지 개인적인 지원마저 아끼지 않을 만큼 열정을 보여줌으로써 인 감독이 자라섬을 떠날 생각을 할 수 없도록 감동시켰다고 한다. '자라섬'은 지방정부 공무원들이 주인의식을 가질 때, 성취감을 느낄 수 있을 때 어떻게 혁신을 일으키는지 보여주는 대표적인 사례라 할 것이다.

민선 지방정부가 시작된 얼마 후 '주식회사 장성군'이 국민들의 높은 관심을 끌었던 적이 있었다. '장성군은 공무원이 경영하는 장성군 회사'라는 의미였는데 주민, 민선 군수, 공무원이 똘똘 뭉친 혁신을 통해 장성군이 남다른 발전을 이루고 있다는 내용이었다. '장성 아카데미'를 통해 주민들의 지역 사랑과 공동체 의식을 높이고, 잠들어 있던 '홍길동'을 불러내 문화콘텐츠 산업을 일구고, 친환경 농업을 특화해 발전시키고, 기업 지원을 위한 혁신적 노력으로 삼성과 LG의 협력업체들이 장성군으로 몰려오도록 했다는 것이다. (참조, 양병무 지음 《주식회사 장성군》). 이 또한 자치분권과 지방행정의 혁신은 함께 구르는 수레바퀴임을 보여주는 멋진 사례라 할 것이다.

민선 7기 구청장으로 취임한 후 가까이에서 경험한 공무원들의 혁신에 대한 의지나 열정은 부족함이 없음을 자주 확인했다. 사법고시의 폐지로 내리막길을 걷는 일명 '고시촌'을 젊음과 혁신을 코드로 하는 문화촌으로 변모시켜보자는 제안에 공무원들이 내놓은 발상들은 놀라웠다. 그러나 대부분은 현행 법, 제도, 규정 때문에 실현이 어렵다는 현실적 장애에 부딪쳤다.

그럼에도 혁신과 변화를 할 수 있는 만큼 시도해보자는 노력을 구정 전반에 기울인 결과 '강감찬 도시 관악'의 발전을 위해 남부순환대로 시흥IC—사당역 구간에 '강감찬대로'라는 명예 도로명을, 지하철 2호선 낙성대역에 '강감찬역' 병기를 공식화하는 데 성공했다. 또 고시촌과 신림역 일대의 지역경제 활성화를 위한 스토리텔링 차원에서 관악구만의 특별함을 더할 수 있도록 도림천의 명칭을 바꾸자는 아이디어도 나왔지만 현행 법 때문에 불가능했다. 결국 관악구 구간에 흐르는 도림천에 '별빛내린천'이라는 브랜드 네임을 정했으며 이와 함께 도림천변 콘텐츠를 채우기 위한 노력을 지속하고 있다.

앞으로 자치분권이 제대로 실현됨으로써 주민과 공무원들에 대한 동기부여와 성취감이 강화되면 창의적이고 혁신적인 지방행정이 더욱 활성화돼 '주식회사 관악구'로 주목을 받는 그날도 꼭 오리라고 믿는다.

(서울신문 2020. 9. 29.)

자치분권의 꽃,
마을민주주의

　　구청장이 된 이후 가장 많이 접한 단어는 아마도 '협치', '자치'가 아닐까 싶다. 구청의 〈민관협치과〉나 〈자치행정과〉를 필두로 각 과마다 위원회, 회의, 추진단, 자치회, 자치의회, 자문단, 주민연대, 네트워크 등등 주민들이 자신의 이해가 걸린 구정에 직접 참여하고, 스스로 마을의 문제들을 고민하고 해결하기 위해 생성된 민관 조직들은 여기에 일일이 나열하기 어려울 만큼 많다. 참여하는 주민들은 나름대로 구정과 지역 발전에 관심이 많은 분들이라 구청에서도 이런 조직, 일명 '거버넌스'에 특별한 관심을 기울이고 있다.

　　가령 청년들이 주로 참여하는 청년정책위원회는 청년들의 일자리, 주거, 복지 등 각 분과위별로 구청의 청년정책 전반에 대해 의견을 내고, 청년 대상 정책이나 공모사업에 대해 심의 권한을 가지고 직접 결정을 내린다. 청소년자치의회는 고등학생 이하 청소년들이 모여 자신들의

요구사항을 의결해 구청에 전달하고, 100인 원탁회의는 주민들이 각 분야별 민관협치과제와 예산 등을 직접 결정하는 식이다.

모든 것이 지역의 발전을 위해 주민, 시민단체, 공무원 등이 머리를 맞대고 함께 고민하고 함께 해결해 나가자는 취지를 가진 제도이므로 원론적으로는 다다익선多多益善, 많으면 많을수록 좋고 잘 되면 잘 될수록 좋은 것이다. 그러나 이런 협치, 자치의 실속을 들여다보면 문제가 없는 것은 아니다. 그중 가장 아쉬운 것은 스위스의 지방자치와 같은 '마을 민주주의'가 실현되기에는 아직 멀었다는 점인데 그 이유가 주민들의 자율적이고 광범위한 참여가 제대로 이루어지지 않고 있다는 점이다.

물론 기대만큼 주민참여가 부족한 원인은 절대로 주민들에게 있지 않다. 우리나라의 자치분권 범위가 매우 협소한 데다 엄격한 선거 관련

법 등으로 인해 주민들의 자발적, 적극적 참여를 유도할 동기부여 수단에 제한이 많은 것이 가장 큰 원인이다. '주민의 이해관계가 걸린 특정 문제에 대해 해당 주민들이 직접 토론과 합의, 투표를 통해 해결책을 결정'하기 어려운 대신 참여해도 그만, 안 해도 그만인 수준의 주민자치나 협치가 이뤄지고 있는 것이 현재 실정인 것이다. 협치, 자치에 적극적인 각종 시민단체 역시 조직과 활동가의 존속이 우선이다 보니 순수한 협치나 자치를 위해 헌신할 여력이 부족한 경우도 많다.

이런저런 부족함과 한계를 드러내다보니 실속 없는 전시행정으로 끝나고 마는 각종 협치, 자치 제도는 차라리 없애는 것이 부족한 예산을 봐서도 낫지 않느냐는 주민들의 의견도 자주 접한다. 그때마다 나는 다음과 같이 대답을 반복하고 있다.

"첫 술에 배부를 수 없지 않겠습니까. 비록 기대만큼 잘 되지는 않더라도 끊임없이 협치와 자치를 시도해야 주민참여의 폭도 넓어질 것입니다. 그러다보면 언젠가는 신림동 주민들이 동네 느티나무 아래 모여 인근 학교 운동장이나 체육관, 주차장 등 시설을 주민들에게 공개할지 말지, 공개하면 어디까지 할지, 주민센터 뒤 공터를 공원으로 할지 주차장으로 할지, 동네에 배정된 장학금을 어떤 가정의 학생들에게 지급할지를 직접 결정하는 토론과 투표가 열리는 날이 오게 될 것입니다."

지금 국회, 학계, 지방정부 등 여러 분야에서 논의 중인 자치분권이 법적으로 구체화되면 얼마든지 가능한 일이기 때문이다.

(서울신문 2020. 10. 8.)

우문현답,
권한위임은 과감하게

　'우문현답, 우리의 문제는 현장에 답이 있다.' 광역시의 경관 좋은 곳에 누가 봐도 욕심나는 공공건물이 하나 있다고 치자. 현재 건물의 용도를 보니 교육 관련 시설로 활용되고 있는데 입지조건이나 주민 수요를 감안했을 때 복지·문화 관련 시설로 활용되는 것이 훨씬 효율이 높다고 치면 주민들의 시설활용 변경에 대한 민원은 갈수록 높아질 것이다

　만약 그 건물이 해당 구청(기초자치단체)의 자산으로 자율적으로 운용할 수 있는 상황이라면 주민 수요조사나 민관협치 프로그램 등 가능한 방법을 가동해 용도를 바꾸는 것은 어렵지 않은 일이다. 그러나 해당 건물이 광역시 관할이거나 중앙정부 관할이면 구청에서 희망하는 대로 용도를 변경하기란 매우 어렵다. 더구나 그 건물이 도시자연공원구역 내에 위치해 있다면 '도시공원 및 녹지 등에 관한 법률'이나 '국토의 계획

및 이용에 관한 법률'과 시행령까지 엮여 있는 터라 구청에서 자율적, 창의적 역량을 발휘할 기회는 거의 없다고 봐도 무방하다.

이를 잘 모르는 주민은 구청장이나 구의회 의원, 공무원을 만날 때마다 '왜 그 좋은 건물을 효율적으로 활용하지 않느냐'는 불만을 털어놓기 마련이다. 그때마다 우리가 할 수 있는 대답은 '그 건물은 서울시 것이라서 우리 구청에서 어떻게 할 수 없다니까요'로 거의 정해져 있다. 위의 건물은 하나의 예에 불과할 뿐 제도, 시설, 서비스 등 지방행정 각각의 분야마다 구청 단위에서 자율적으로 대응할 권한이 없는 문제들은 셀 수 없이 많다.

그중에서 특히 구청장과 주민 간의 직접 소통창구인 '관악청'으로 찾아오는 주민들을 만나 민원을 경청하다보면 구청의 행정력으로 결정하거나 해결해줄 수 없는, 서울시 또는 중앙정부의 권한에 해당하는 경우가 많다. 해결책이 없거나 안 보이는 것은 아니나 구청의 권한을 넘어서는 것이기에 안타까운 심정으로 경청하면서 문제를 잘 풀 수 있는 길을 자문해주는 것 말고는 달리 방법이 없다.

한 예로 새로 들어선 아파트 단지 주민들이 단지 입구 도로에 설치된 중앙차선분리대를 제거하고 비보호 좌회전을 할 수 있게 해주거나 아예 신호등과 횡단보도를 설치해 달라는, 건의사항도 구청 재량으로 결정할 수 있는 것이 아니라는 것을 아는 주민들은 그리 많지 않다.

일선 지방정부(공무원들)의 핵심역량은 대국민 행정의 최전선에서 책상이 아닌 현장에서 직접 행정을 펼친다는 것이다. 광범위한 정책 시행, 시설운용, 행정 서비스 제공을 직접 현장에서 제공한다는 것은 그만큼 시행착오 개선이나 효율성 강화를 위한 처방도 빠르고 정확하게 잡아낼 수 있음을 뜻한다. 바로 '우문현답'의 중요성을 말한다.

향후 예상되는 개헌이나 국회 입법 등을 통해 명실공히 자치분권 시대를 열어나갈 때 중앙정부는 광역시·도정부를, 광역시·도정부는 기초자치정부의 '우문현답' 능력을 믿고 권한위임을 아래로 과감하게 해야 자치분권의 실효가 제대로 발휘될 것이라는 점을 유념해야 한다. 자치분권에서 주민과 가까운 지방정부로의 권한위임은 주민들의 편의를 위해 다다익선多多益善임을 한 번 더 강조하는 바이다.

진정한 '민중의 지팡이' 자치경찰

행정 일선에서 주민들을 만나거나 주민과 구청장의 직접 소통창구로 신설한 관악구청 1층의 '관악청'으로 찾아오는 주민들을 만나 경청을 하다보면 이분들의 민원이나 고충토로 중 재산권과 관련된 주택이나 건축 분야 분쟁 사안이 가장 많다. 그런데 특히 이 분야는 구청 차원의 행정력으로 결정하거나 해결해줄 수 없는 경우가 대부분이라 안타까운 심정으로 그저 경청하면서 문제를 잘 풀 수 있는 길을 자문해주는 정도가 전부다.

또 민원이 많은 분야 중 하나가 교통, 치안, 방범 등과 관련된 것들인데 대부분 경찰서 관할 업무들이다. 이 문제들 역시 CCTV를 설치하거나 가로등을 보완하는 정도가 아닌 것들은 구청에서 자의적으로 결정해 실행할 수 없는 구조라 문제 해결이 가능하다 해도 시간이 많이 걸린다.

주민들과의 거리를 가까이 유지하고 민생현장도 늘 살필 수 있어 취임 직후부터 걸어서 출퇴근을 하고 있다. 어느 날 퇴근길에 A아파트 단지 앞에서 낯익은 입주민과 맞닥뜨렸다. 주민께서는 '구청장 잘 만났다'며 단지 앞 도로의 교통 불편을 설명하기 시작했다. 반대편 차선에서 단지로 통하는 골목으로 차가 진입하려면 전방으로 5분 정도 달려가 유턴을 해야 하는데 아파트 주민들 입장에서는 그게 매우 불합리하다는 것이었다. 단지 골목 입구 부분에 설치된 중앙차선분리대를 제거하고 비보호 좌회전을 할 수 있게 해주거나 아예 신호등과 횡단보도를 설치해 달라는 것이 해당 주민의 요구였다.

구청장 입장에서 현장을 봐도 그 주민의 요구가 충분히 의미가 있었다. 그러나 이 경우 해당 주민에게 당장 어떤 약속도 할 수가 없다. 교통체계와 관련된 문제는 구청이 아닌 경찰서(교통안전시설 심의위원회)에서 결정권을 가지고 있기 때문이다. 나로서는 기껏해야 "경찰서와 협의를 해서 잘 풀어보도록 하겠습니다."가 대답할 수 있는 전부였다.

그런데 구청장은 지역 주민들의 선거로 뽑지만 경찰서장은 중앙정부 경찰청 소속 공무원으로서 임명직이다. 이 두 사람이 지역 주민의 민원을 대하는 입장에는 당연히 온도차가 있을 수밖에 없다. 물론 경찰서에서는 A아파트 단지뿐만 아니라 더 넓은 광역단위의 교통체계나 환경, 법, 규정, 예산 등을 감안해 결정해야 할 것이므로 전적으로 A아파트 주민 입장에서만 문제 해결을 추진하기도 어려울 것이다.

바로 이런 문제 때문에 자치경찰 도입이 국회에서 꾸준히 논의가 되고 있다. 범죄의 예방과 수사, 국가안보(공안) 등 치안 분야는 중앙정부의 국가경찰이 담당하되 교통, 경비, 방범, 안전복지 등 주민생활편의와 밀착된 경찰행정은 자치경찰이 담당하게 하자는 것이다. 이럴 경우 지방정부 책임 아래 운영되는 자치경찰이 해당 지역 주민들을 대하는 입장은 국가경찰과 다를 수밖에 없을 것이므로 주민 입장에서는 더욱 고급의 경찰행정 서비스를 받을 수 있게 되는 것이다.

더구나 자치경찰은 우리 동네에서 얼굴을 마주하고 사는 이웃 청년이 우리 동네 경찰이 되는, 손자가 할아버지의 안전을, 동생이 누나의 퇴근길 골목을 지키는, 친구의 아들이 내가 사는 아파트 단지 주변의 안전과 생활편의를 책임지는 경우도 많을 것이므로 지역과 공동체를 사랑하는 '민중의 지팡이'라는 경찰 본연의 역할에 더욱 가까워질 것이 확실하다.

(서울신문 2020. 10. 15.)

지방자치단체 노(No),
지방정부 예스(Yes)

　그동안 '자치분권이 가야할 길'을 이야기하는데 '지방자치단체'라는 용어 대신 '지방정부'라는 용어를 일관되게 쓰고 있음을 쉽게 눈치 챘을 것이다. '언어가 내용을 규정한다'고 하듯이 특정한 사안에 대해 어떤 단어를 쓰느냐에 따라 사람들의 인식도 달라진다. '내용이 충실하려면 거기에 맞는 형식이 필요하다'는 말도 같은 의미다.

　'지방자치단체'地方自治團體를 국어사전에서 찾아보면 '국가의 통치권 아래에서, 국가 영토의 일부에 대한 자치권을 부여 받아 그 구역 내의 주민을 법률의 범위 안에서 통치할 수 있는 권한을 가진 단체'라고 되어 있다. 다시 '단체'團體를 사전에서 찾아보면 '같은 목적을 위해 모인 무리'라고 돼있다. 우리가 통상적으로 쓰는 '단체'라는 용어는 '국가대표 축구선수단', '○○시민연대', 'XX대외협력단', '○○시 사진동호회' 등에 딱 어울리는 말이다.

그런데 우리는 현재 지방자치를 구현하고 있는 광역시·도·시·군·구의 지역경계를 아우르는 뜻과 해당 지역의 자치를 책임지는 행정기관을 지칭하는 용어로 '지방자치단체'를 사용 중이다. '광역지방자치단체(광역시·도), 기초지방자치단체(시·군·구)'로 구분해 부르는 이 용어에는 다분히 예전 중앙정부가 권위주의적 정부였을 때 '상명하달'에 익숙했던 지방의 행정기관을 대하는 시각이 녹아들어 있다.

그러나 주민 누구라도 시청이나 구청 같은 행정기관이 '축구단' 같은 단체이거나, 시민과 구민이 그 단체의 회원이라고 생각하지는 않을 것이다. '자치분권'을 이야기하면서 자치의 주체를 일관되게 '자치정부'라고 부른 이유가 바로 여기에 있다. 자치분권이 발전한 유럽은 '중앙정부, 연방정부'와 구분해 '주정부, 지방정부'라고 하지 '지방자치단체'라고 하지 않는다.

이와 관련해 대한민국시도지사협의회 역시 "헌법이 개정될 경우 '자치와 분권'을 명확히 밝혀야 한다. 더욱 중요한 것은 '지방자치단체'라는 용어는 지방정부 위상에 걸맞지 않는 중앙정부 관점의 용어이므로 '지방정부'로 바꿔 위상을 높이고, 지방의 자치입법권, 자주재정권, 자치행정권 및 자치조직권을 보장하는 내용을 포함하라"는 것이 일관된 주장이다. 자치분권의 중요성을 인정하고, 발전시킬 생각이 있다면 지금 당장 '지방자치단체' 대신 '지방정부'라고 부르는 것이 그 출발점일 것이다.

같은 건물 공사에 참여해 벽돌로 담을 쌓는 일을 맡은 두 사람이 있는데 한 사람은 자신을 담을 쌓는 벽돌공이라 생각하고, 한 사람은 건물을 짓는 건축가라고 생각하는 경우 어느 기술자가 더 큰 사명감과 자부심으로 주어진 임무에 충실할지는 눈으로 안 봐도 쉽게 짐작이 가지 않는가. '이쑤시개 공장 공장장'과 '목재가공 공장 공장장'도 마찬가지 이치다.

(아주경제신문 2020. 12. 23.)

지방정부와
1인 가구 시대

전국 1인 가구 비중이 처음으로 30%를 넘었다. 통계청이 지난 8일 내놓은 '2020 통계로 보는 1인 가구'에 따르면 지난해 기준 전체 가구의 30.2%가 1인 가구로 집계됐다. 또한 서울의 1인 가구는 약 130만 가구로 40년 만에 16배 증가해 전체 가구의 33.9%에 달했다. 서울 인구가 1993년 이후 감소세를 보이고 있으나 1인 가구는 매년 증가하고 있는 추세다.

편의점에 가면 혼자 먹을 수 있는 식품들이 진열장에 가득하고 식당도 '혼밥' 좌석이 필수다. 이미 혼밥, 혼술, 일코노미(1+economy) 등 혼자만의 생활을 즐기며 활동을 일컫는 말들은 유행이 된지 오래다. TV에서는 '나 혼자 산다'라는 프로그램이 외로울 틈이 없는 '워라밸' 싱글 라이프를 보여주며 시대를 반영하는 인기 프로그램으로 장수하고 있다. 바야흐로 1인 가구 전성시대이다.

'나 혼자 산다'는 의미는 동전의 양면성을 보여준다. 나 홀로 삶은 개인의 선택과 자유로움, 자기성찰의 만족감을 안겨줄 수 있다. 하지만 다른 한편으로 나 홀로 삶은 외롭고 쓸쓸하다. '나 혼자 산다' 앞에 생략된 말을 생각해 보자. 어려운 경제적 사정으로, 보살펴줄 가족이 없어서, 취업이 되질 않아서…… 등 현실적으로 많은 1인 가구는 경제적 어려움과 정서적 고립감, 범죄 등 여러 사회문제에 노출되어 있다.

화려한 싱글? 1인 가구의 삶은 힘겹고 녹록지 않다. 지난 8일 통계청 발표에 따르면 1인 가구의 80%는 연평균 소득이 3,000만 원을 밑도는 반면 지출은 비교적 큰 것으로 나타났다. 부채도 2년 연속 2,000만 원을 웃돌았고 1인 가구 10명 중 4명은 월세로 살고 있다. TV에서 보던 화려한 싱글보다는 경제적으로 독립하기 어려운 한계 집단이 늘어나는 것이 현실이다.

기업은 발 빠르게 움직이며 시대의 변화상을 예민하게 관찰하고 1인 가구의 트렌드를 분석해 이들에게 가장 필요하고 효과적인 상품과 서비스를 내놓고 있다. 흔히 1인 가구로 뭉뚱그려 말하지만 그 안에는 고소득 전문직부터 비혼족, 취업준비생, 홀몸 어르신 등 천차만별이다. 특히 소득의 격차도 크고 복지수요도 가지각색이어서 무엇보다 '평균의 함정'을 뛰어넘어야 한다. 빈곤, 외로움·고립, 세대갈등, 안전 생활환경 조성 등 1인 가구로 인한 다양한 사회문제를 예민하게 관찰하고 이들에게 가장 필요하고 효과적인 서비스를 내놓아야 한다.

늦기는 했지만 지난 6월 정부에서도 1인 가구 중장기 정책 방향 및 대응방안을 발표했다. 과거 홀몸 어르신, 취업 청년 등 표면적으로 발생한 문제만 지원이 이루어졌던 것과 달리 소득·주거·사회적 관계망 등

축하공연
레크리에이션
방구석장기자랑
소셜다이닝

ZOOM앱을 통한 온택트 랜선모임
청년 1인 가구
네트워킹파티
2020.11.25.(수) 18시

환경변화에 따라 1인 가구의 필요와 욕구를 파악하고 이들의 실태를 이전보다 체계적으로 살피고자 했다는 점이 돋보인다.

앞으로 급변하는 1인 거주 형태와 1인 문화에 지방정부는 더욱 능동적이고 유연하게 대처하지 않으면 안 된다. 1인 가구는 지역에 따라 성별에 따라, 소득수준에 따라 필요와 욕구가 천차만별이다. 필자가 일하는 관악구도 사회적 연결망에 관심이 많은 청년 1인 가구 비율이 40.5%로 전국 1위, 안전·치안과 주거환경 개선을 필요로 하는 여성 1인 가구 비율이 27.4%로 매우 높다. 그만큼 청년과 여성에 대한 이해를 통해 맞춤형 정책을 추진해야 한다는 것이다.

1인 가구의 증가는 피할 수 없는 시대적인 흐름이다. 지방정부는

나 홀로 살아가며 생기는 외로움과 같은 공통적인 문제에 대처하면서 동시에 다양한 특성을 가지고 있는 개인 혹은 집단의 모습들을 정확히 파악해야 한다. 숲과 나무를 동시에 바라보는 시선이 필요한 이유다. 앞으로 1인 가구에 대한 균형 있는 시선과 함께 대세가 되어 버린 1인 가구에 대한 고민과 고찰을 이어나갈 것이다.

(이투데이 2021. 4. 29.)

코로나19가 일깨워 준 또 하나의 가치, '자치분권'의 힘

재난 극복의 주체가 중앙에서 지방으로 변하고 있다. 국제적으로 성공을 인정받고 있는 'K-방역' 사례는 한국이 지방정부 차원의 효과적이고 신속한 방역시스템 체계를 갖췄기에 가능했다. 지방자치 제도가 도입된 이후 지방정부의 행보가 이만큼 중심이 된 적이 있었나 싶다.

각 지방정부는 발 빠르게 확진자 발생 내용과 이동경로를 파악해 주민에게 유의해야 할 사항을 알린다. 주민들은 중앙정부의 발표보다는 지방정부의 안내문과 홈페이지 공개 현황, 지방 공무원들의 조치에 더 관심을 기울인다. 코로나 상황에서 국가보다는 내가 사는 지역이 더 중요한 것이다.

재난극복을 위한 효과적 정책과 아이디어도 현장과 가장 가까운 지방정부 주도로 나온다. '드라이브 스루 선별진료소'를 처음 설치한 고양시, 코로나 사태로 힘들어진 자영업자들의 고통을 덜어 주기 위해 임대료를 낮추는 '착한 임대료와 착한 소비, 해고 없는 상생 운동'을 펼친 전주시, 빈약한 재정에도 불구하고 민생 안정을 위해 '재난 기본소득'이라는 정책적 실험에 나선 것도 경기도 등 지방정부였다.

방역 행정의 최일선에 선 지방정부는 현장의 실상과 문제점을 빠르게 파악하고 이를 바탕으로 실효성 있고 효과적인 방역 대책을 제시하고 선제적으로 실천했다. 지방정부가 현장과 가장 가깝기 때문이다. 현장에 문제가 있고, 현장에서 답이 나온다.

현장에서 코로나에 대처하는 지방정부의 모습은 경제·사회·문화 등 모든 부문이 위축되고 있는 반면에 실질적인 자치분권은 살아나는 느낌을 준다. 행정 현장에서 20여 년 넘게 보낸 필자는 이번 코로나 사태가 우리나라 지방자치 역사에 중요한 페이지를 남길 것이라 확신한다.

이처럼 코로나19 사태가 포스트 코로나 시대에 자치분권이 강화돼야 할 이유를 여실히 보여주고 있다. 지방정부가 정책과 현안을 주도하면 중앙정부가 이를 뒷받침하는 체제 구축으로 지방자치가 이뤄져야 한다.

출발점은 지방자치법의 조속한 개정이다. 강력한 자치분권과 균형 발전을 제도로써 강화시켜야 한다. 이는 포스트 코로나 시대를 선도할 수 있는 새로운 동력으로 작용할 것이다.

문재인 정부는 출범 직후 '획기적인 자치분권 추진과 주민 참여의 실질화'를 대표 국정과제 중 하나로 삼고 '대한민국은 지방분권 국가를 지향한다'는 조문을 헌법 개정안에 포함하는 등 진정한 지방분권 실현을 표방해왔다.

이와 관련된 지방자치법 전부개정안도 2021년 현재 국회에 발의되

어 있다. 지방정부의 행정권한과 지방재정력 확충, 주민자치 강화 등 한 단계 더 나아간 자치분권의 모습을 담고 있다. 게다가 최근 지방자치단체를 '지방정부'로 함께 표기할 수 있는 근거 조문도 신설했다. '지방자치단체'라는 용어는 지방정부 위상에 걸맞지 않는 중앙정부 관점의 용어인 만큼 '지방정부'로 바꿔 위상을 높이는 것은 당연하다. 필자가 위글에서 지방자치단체 대신 지방정부라고 앞서 지칭한 이유이다.

'지방정부'가 현장에서 자신들이 보유한 자원을 활용해 긴급한 재난 극복, 살기 좋은 공동체 인프라 구축, 차세대 인재육성 등을 놓고 선의의 경쟁을 벌일 수 있는 제도와 토대가 절실하다.

'자치'^{自治}라는 단어는 '자기의 일을 스스로 처리'한다는 의미다. 자치는 '스스로'의 뜻이 강하다. 코로나19가 일깨워 준 또 하나의 가치 '자치분권'의 힘으로 주민의 오랜 숙원 사업을 스스로 해결하고 주민의 눈높이에 맞춘 양질의 일자리도 창출하고 스스로 신 성장 동력을 마련해 지역경제도 획기적으로 발전시킬 수 있을 것이다.

강감찬 구청장의
지방자치 이야기

제1판 1쇄 인쇄　　2022년 1월 11일
제1판 1쇄 발행　　2022년 1월 20일

지은이　　박준희
펴낸이　　김덕문

책임편집　　손미정
디자인　　블랙페퍼디자인
마케팅　　이종률
제작　　백상종

펴낸곳　　더봄
등록일　　2015년 4월 20일
주소　　서울시 노원구 화랑로51길 78, 507동 1208호
대표전화　　02-975-8007 ‖ **팩스** 02-975-8006
전자우편　　thebom21@naver.com
블로그　　blog.naver.com/thebom21

ISBN 979-11-88522-96-5 03340